강대국 중의
강대국이 되다
제2차 세계대전

미국 ⑭

세계통찰

★ 전쟁으로 일어선 미국 2 ★

강대국 중의
강대국이 되다

제2차 세계대전

한솔교육연구모임 지음

솔과나무

1장 유럽 대륙을 초토화시킨 **유럽 전쟁** • 019

왜 미국을
읽어야 할까요?

〈세계통찰〉 시리즈는 다양한 독자에게 세계를 통찰하는 지식과 교양을 전해 주고자 합니다. 미국을 시작으로 중국, 일본, 중남미, 유럽, 아시아, 아프리카 등 오대양 육대주의 주요 국가들에 관한 정치, 경제, 역사, 문화 등 다양한 정보를 제공하여 세상이 움직이는 원리를 독자 스스로 알게끔 하고자 합니다.

지구상에 있는 국가들은 별개가 아니라 서로 연결된 유기체입니다. 여러 나라 가운데 〈세계통찰〉 시리즈에서 미국 편 전 16권을 먼저 출간하는 이유는 유기적인 세계에서 미국이 지닌 특별한 지위 때문입니다. 19세기까지 세계를 호령하던 대영제국의 패권을 이어받은 미국은 20세기 이후 오늘날까지 세계 유일의 초강대국으로 세계를 이끌고 있습니다. 또한 세계 최강의 경제력을 기반으로 자유 시장을 중시하는 자본주의 이념을 전 세계에 전파했습니다. 우리나라를 포함하여 많은 나라가 세계 최대 시장인 미국과 한 무역을 통해 가난을 딛고 경제 성장을 이룰 수 있었습니다. 애플이나 구글 같은 미국 기업이 새로운 산업을 일으키면서 미국은 물론, 전 세계에 수많은 일자리와 자본력을 제공했습니다.

이처럼 전 세계에 커다란 영향을 미치고 있는 미국이라는 나라를 알기 위해 '미국의 대통령'을 시작으로 한 '미국을 만든 사람들' 편을 소개합니다. 대통령제를 기반으로 한 미국식 민주주의는 전 세계로 전파되면서 수많은 국가에 영향을 미치고 있습니다. 제2차 세계대전 이후 독립한 국가 대부분이 대통령제를 선택하면서 대통령제는 미국을 넘어 많은 국가의 정치 체제로 자리 잡았습니다. 도전 정신과 혁신을 바탕으로 미국 경제를 세계 최강으로 만든 '기업인들' 역시 우리에게 많은 교훈을 줍니다. 세계인의 감성과 지성을 자극하고 있는 '예술인과 지식인'도 이야기의 대상입니다. '사회 문화' 편에서는 미국의 문화를 통해 미국만이 가진 특성을 살펴봅니다. 창의와 자유를 존중하는 사회 분위기는 할리우드 영화, 청바지, 콜라 등 미국만의 문화를 탄생시켰고 이는 전 세계로 확산되어 지구촌의 문화로 자리 잡았습니다. 이제 미국의 문화는 미국인만 누리는 것이 아니라 세계인이 공유하는 것이 되었습니다. '산업' 편에서는 정보 통신, 우주 항공, 에너지, 유통 등 미국의 주력 산업을 통해 오늘날 미국이 세계 경제를 주무르고 있는 비결과 미래에도 미국이 변함없이 강력한 영향력을 행사할 수 있는 이유에 대해 알아봅니다.

'전쟁' 편에서는 미국이 참전한 전쟁을 통해 전쟁이 미국은 물론 세계에 미친 영향에 대해 살펴봅니다. 미국은 전쟁으로 독립을 쟁취했을 뿐만 아니라 세계를 움직이는 새로운 질서를 만들어 냈습니다. 다시 말해 전쟁은 미국이 세계를 뜻대로 움직이는 도구였습니다.

이처럼 미국의 정치, 경제, 문화 등 각 분야는 20세기 이후 지구촌에 막대한 영향을 미치고 있기에 미국에 관한 지식이 없으면 세계를 제대로 이해할 수 없습니다. 미국을 제대로 알게 된다면 세상이 돌아가는 힘의 원리를 더 잘 알 수 있습니다. 〈세계통찰〉 시리즈 미국 편은 '미국을 만든 사람들' 전 6권, '세계의 중심이 된 미국(문화와 산업)' 전 6권, '전쟁으로 일어선 미국' 전 4권으로 이루어져 있습니다. 이렇게 총 16권의 인물, 사회·문화, 산업, 전쟁 등 주요 분야를 다루면서 단편적인 지식의 나열이 아니라 미국의 진면목, 나아가 세계의 흐름을 알 수 있도록 했습니다. 적지 않은 분량이지만 정치, 경제, 문화사에 남을 인물과 역사에 기록될 사건을 중심으로 다양한 예화와 사례를 들어 가면서 쉽고 재미있게 썼습니다. 처음부터 끝까지 차분히 읽다 보면 누구나 미국과 세계의 과거와 현재, 미래를 명확하게 들여다볼 수 있는 통찰력을 지닐 수 있습니다.

세계를 한눈에 꿰뚫어 보는 〈세계통찰〉 시리즈! 길고도 흥미진진한 이 여행에서 처음 만나게 될 나라는 미국입니다. 두근거리는 마음으로 함께 출발해 봅시다!

한솔 (한솔교육연구모임 대표)

세상의 변화를 읽고
앞을 내다보는 힘

미래학자 엘빈 토플러는 "한국 학생들은 하루 10시간 이상을 학교와 학원에서 자신들이 살아갈 미래에 필요하지 않을 지식을 배우고, 존재하지 않을 직업을 위해 아까운 시간을 허비하고 있다."라고 했습니다. 그렇다면 우리는 무엇을 배우고 생각해야 할까요? 수년 안에 지구촌은 큰 위기를 맞이할 가능성이 큽니다. 위기는 역사적으로 늘 존재했지만, 앞으로 닥칠 상황은 미국과 중국의 패권 전쟁의 상황에서 과거와는 차원이 다른 큰 변화가 일어날 것입니다. 2020년 기준 중국은 미국의 70% 수준의 경제력을 보입니다. 구매력 기준 GDP는 중국이 이미 2014년 1위에 올라섰습니다. 세계 최강의 지위를 위협받은 미국은 트럼프 집권 이후 중국에 무역 전쟁이란 이름으로 공격을 시작했습니다. 미국과 중국의 무역 전쟁은 단순히 무역 문제로만은 볼 수 없는 정치, 사회, 경제, 문화가 엮여 있는 총체적 전쟁입니다. 미국과 중국의 앞날을 예측하기 위해서는 경제 분야 외에 정치, 사회, 문화 등을 통합적으로 볼 수 있어야 합니다. 역사는 리듬에 따라 움직입니다. 현재와 비슷한 문제가 과거에 어떤 식으로 일어났는지를 알면 미래를 읽는 통찰력이 생깁니다. 지나온 역사를 통해 세상의 변화를 읽고 앞을 내다보는 힘을 길러야 합니다. 역사를 통해서 남이 보지 못하는 곳을 보고, 다른 사람과 다르게 생각하는 힘을 길러야 합니다.

〈세계통찰〉은 이러한 필요에 따라 세계 주요 국가의 역사, 경제, 사회, 문화 등 다양한 주제를 통해 세계를 이해하는 안목을 심어 주고자 쓰인 책입니다. 솔과나무 출판사는 오대양 육대주에 걸쳐 있는 중요한 나라를 대부분 다루자는 계획 아래 먼저 미국과 중국에 대한 책을 출간합니다. 이는 오늘날 미국과 중국이 정치, 경제, 문화 등 모든 분야를 선도하며 전 세계에 막대한 영향을 미치고 있는 초강대국이기 때문입니다. 〈세계통찰〉 시리즈는 미국과 중국 세계 양 강 대결의 상황에서 미·중 전쟁의 미래를 예측할 수 있는 훌륭한 나침반이 될 수 있습니다.

특히 미국은 정치, 경제, 문화 등 어느 분야로 보아도 세계인의 관심을 가장 많이 받는 나라입니다. 〈세계통찰〉 시리즈 '미국'은 정치, 경제, 사회, 문화 모든 분야에 걸쳐서 시간과 공간을 넘나들며 현재의 미국을 이해할 수 있게 만든 획기적인 시리즈입니다. 인물, 산업, 문화, 전쟁 등의 키워드로 살펴보면서 미국의 역사와 문화, 각국과의 상호 관계를 파악할 수 있는 지식과 읽을거리를 제공합니다. 인물과 사건을 중심으로 이야기를 이어가고 그 과정에서 우리가 오늘날 세상을 살아갈 때 활용할 수 있는 지혜를 담고 있습니다. 단순히 사실 나열에 그치지 않고, 왜 그렇게 되었는지, 그 뒤에는 어떻게 되었는지, 과정과 흐름 속에서 숨은 의미를 찾아냄으로써 유연하고 창의적인 생각을 할 수 있도록 자극합니다. 무엇보다 〈세계통찰〉 시리즈에는 많은 이들의 실패와 성공의 경험이 담겨 있습니다. 앞서 걸은 이들의 발자취를 통해서만 우리는 세상을 보는 통찰력을 키울 수 있다는 사실을 기억했으면 합니다. 미국을 자세히 들여다보면 지구촌 사람들의 모습을 다 알 수 있다고도 합니다. 세계를 이끌어가는 미국을 이해한다는 것은 단순히 한 나라를 아는 것이 아니라 세계를 이해하는 것이기 때문에 〈세계통찰〉 시리즈 미국 편을 통해 모두가 미국에 대해 입체적이고 통합적으로 살펴볼 수 있는 기회를 얻기 바랍니다.

곽석희 (청운대학교 융합경영학부 교수)

〈세계통찰〉 시리즈에 부쳐

4차 산업 혁명 시대를 맞이하는 청소년에게 꼭 필요한 지혜

4차 산업 혁명 시대에는 나라 사이의 언어적, 지리적 장벽이 허물어집니다. 견고한 벽이 무너지는 대신 개인과 개인을 잇는 촘촘한 연결망이 더욱 진화합니다. 이제 우리는 다양한 문화 배경을 지닌 친구와 이전과는 완전히 다른 방법으로 우정을 나눌 수 있습니다. 낯선 언어는 더는 장애가 되지 않습니다. 스마트폰의 번역 프로그램을 이용하면 내가 한 말을 실시간으로 전달할 수 있고 상대방의 말뜻을 이해할 수도 있습니다. 또 초고속 무선 통신망을 이용해 교류하는 동안 지식이 풍부해져서 앞으로 내가 나아갈 길을 설계하는 데 큰 도움이 됩니다.

저는 오랫동안 현장에서 청소년을 만나며 교육의 방향성을 고민해 왔습니다. 초 단위로 변하는 세상을 바라보면 속도에 대한 가르침을 줘야 할 것 같고, 구글 등 인터넷상에 넘쳐 나는 정보를 보면 그것에 대한 양적인 교육이 필요할 것 같았습니다. 긴 고민 끝에 저는 시대가 변해도 퇴색하지 않는 보편적 가치와 철학을 청소년에게 심어 줘야겠다는 결론을 내렸습니다.

4차 산업 혁명 시대에는 인공 지능과 인간이 공존합니다. 최첨단 과학이 일상이 되는 세상에서 75억 지구인이 조화롭게 살아가려면 인간 중심의 교육이 필요합니다. 인문학적 지식과 소양을 통해 인간을 더욱 이해하고 이롭게 만드는 시각을 갖춰야 합니다. 〈세계통찰〉 시리즈는 미래를 이끌어 나갈 청소년을 위한 지식뿐 아니라 그 지식을 응용하여 삶에 적용하는 지혜까지 제공하는 지식 정보 교양서입니다.

청소년이 이 책을 반드시 접해야 하는 이유

첫째, 사고의 틀을 확대해 주는 책입니다.

〈세계통찰〉 시리즈는 정치, 경제, 사회, 문화, 무역, 외교, 전쟁, 인물에 이르기까지 하나의 국가가 국가로서 존재하고 영유하는 모든 것을 다루고 있습니다. 한 국가를 이야기할 때 경제나 사회의 영역을 충분히 이해했다 해도 '이 나라는 이런 나라다.' 하고 한마디로 정의하기는 어렵습니다. 인물이나 역사적 사건과 같은 눈에 보이는 사실과 이념, 사고, 철학과 같은 눈에 보이지 않는 특성까지 좀 더 유기적이고 종합적인 사고를 해야 한 나라를 이해하고 정의할 수 있습니다. 이 책을 통해 합리적이고 논리적으로 사고하는 습관을 자연스럽게

기를 수 있습니다.

둘째, 글로벌 리더를 위한 최적의 교양서입니다.

4차 산업 혁명 시대라 하더라도 모든 나라가 해체되는 것은 아닙니다. 세계화 속도가 점점 가속화되는 글로벌 시대에 꼭 필요한 소양은 역설적이게도 각 나라에 대한 수준 높은 정보입니다. 일반적으로 알려진 상식의 폭을 확대할 수 있어야 합니다. 미국과 중국의 무역 분쟁이나 우리나라와 일본의 갈등에서도 볼 수 있듯 세계 곳곳에는 국가 사이의 특수한 사정과 역사로 인해 각종 사건과 사고가 터져 나오고 있습니다. 한 국가의 성장과 번영은 자국의 힘과 노력만으로는 가능하지 않습니다. 가깝고 먼 나라와의 유기적인 관계 속에서 평화를 지키고 때로는 힘을 겨루면서 이루어집니다. 한편 G1, G2라 불리는 경제 대국, 유럽 연합_EU이나 아세안_ASEAN 같은 정부 단위 협력 기구 사이에 일어나는 상호 이해관계도 중요해지고 있습니다. 〈세계통찰〉 시리즈는 미국, 중국, 일본, 아세안, 유럽 연합, 중남미 등 지구촌 모든 대륙과 주요 국가를 공부하는 데 반드시 필요한 영역을 씨실과 날실로 엮어서 구성하고 있습니다.

마지막으로 〈세계통찰〉 시리즈는 글쓰기, 토론, 자기 주도 학습, 공동 학습에 최적화된 가이드 북입니다.

저는 30년 이상 교육 현장에 있으면서 토론, 그중에서도 대립 토론_debating 수업을 강조해 왔습니다. 학생 스스로 자료를 찾고 분류하며 자신만의 생각을 정리하고 발표하는 방식입니다. 이때 다른 사람의 생각을 경청하고 공감하는 학생일수록 주도적이고도 창의적인 인재로 성장하는 것을 보았습니다. 〈세계통찰〉 시리즈가 보여 주는 형식과 내용은 학생과 교사 모두에게 긍정적인 영향을 줄 것이라고 확신합니다.

가까운 미래에 글로벌 리더로서 우뚝 설 우리 청소년에게 힘찬 응원의 메시지를 보냅니다.

박보영(교육학 박사, 박보영 토론학교 교장, 한국대립토론협회 부회장)

유럽 대륙을 초토화시킨

유럽 전쟁

베르사유조약

　1918년 11월 11일 독일의 패전으로 막을 내린 제1차 세계대전은 독일뿐 아니라 승전국인 연합국에도 엄청난 물적·인적 피해를 주었고, 각국은 종전 후 피해복구에 사활을 걸어야 했습니다. 영국, 프랑스 등 승전국들은 독일에 전쟁을 일으킨 책임을 묻기 위해 종전 이듬해인 1919년 6월 프랑스 베르사유 궁전에 모였습니다.

전후 처리를 위해 베르사유 궁전에 모인 각국의 관리들

제1차 세계대전으로 인해 패전국 독일보다 더 많은 피해를 입은 프랑스는 독일에 대한 분노를 삭이지 못하고 승전국 중 가장 강경한 입장을 표명하고 나섰습니다. 그도 그럴 것이 프랑스 영토 전체가 세계대전의 주요 무대가 되면서 피해를 보지 않은 지역이 거의 없을 지경이었습니다. 더구나 프랑스는 독일과 국경을 맞대고 있기 때문에 언제든지 독일의 공격을 받을 수 있는 지리적인 취약성을 지니고 있었습니다. 영국 또한 전통의 강호 독일을 견제하기 위해 강력한 조치를 원했습니다. 그리하여 베르사유 궁전에 모인 승전국 대표는 열변을 토하며 독일에 대해 강력한 응징을 하기로 뜻을 모아 강화조약*을 체결했습니다.

연합국과 독일이 맺은 베르사유조약으로 인해 독일은 해외 식민지를 모두 잃고 영토의 8분의 1을 승전국에 나눠 주게 되었습니다. 승전국들은 독일의 군사력을 약화시키기 위해 육군 병력 수를 10만 명 이하로 제한했습니다. 이를 위해 징병제를 폐지하고 엘리트 장교를 양성하는 육군사관학교마저 문을 닫게 했습니다. 나아가 유독가스·전차·잠수함·군용기 등 핵심 무기에 대한 보유금지 조치를 취함으로써 독일군의 무장해제를 추진했습니다.

승전국들은 독일군이 보유하고 있던 군용기·전차·잠수함 등 핵심

---

* 전쟁을 치르던 교전 당사국이 전쟁을 끝내기 위해 체결하는 평화조약. 강화조약에는 영토의 할양이나 배상금 지불 등 양국 간 합의한 강화조건이 담겨 있다

무기를 국민들이 보는 앞에서 모두 파괴해 독일 사람들의 자존심에 큰 상처를 남겼습니다. 더구나 독일에 전쟁도발의 책임을 물어 추후 전쟁배상금을 받기로 하면서 혹독한 압박을 계속 이어 가기로 결정했습니다. 승전국의 악의에 찬 복수계획을 지켜보고 있던 영국 협상단 대표 존 메이너드 케인스John Maynard Keynes는 참석자 중 유일하게 독일에 대한 혹독한 처벌을 반대했습니다.

막대한 배상금 부과에 반대한
영국의 존 메이너드 케인스

경제학자였던 케인스는 각국 대표를 향해 가혹한 응징은 독일인의 좌절감과 분노를 불러일으켜 또 다른 전쟁을 야기하게 될 것이라고 주장했습니다. 머지않은 미래에 독일인의 분노를 이용해 권력을 잡는 독재자가 등장할 것이고, 전 세계는 또다시 참혹한 전쟁의 소용돌이로 빠져들 것이라는 섬뜩한 경고였습니다. 하지만 케인스의 말을 귀담아듣는 사람은 아무도 없었습니다.

당시 승전국 협상 대표들은 독일을 재기불능 상태로 만들어 다시는 인근 국가에 위협이 되지 못하도록 하려는 생각밖에 없었습니다. 독일 사람들에 대한 자비심이라고는 조금도 없었습니다. 회의장에서

'독일 죽이기'에 열을 올리는 승전국 대표를 바라보던 케인스는 "이제 남은 것은 전쟁밖에 없다."는 말을 남기고 회의장을 떠났습니다. 케인스의 말처럼 승전국들의 독일에 대한 응징은 지나치게 가혹해 독일인들의 증오심을 불러일으켰습니다.

독일의 하이퍼인플레이션

1921년 5월 승전국은 독일에 1,320억 마르크_{Mark}*의 전쟁배상금을 물리기로 결정한 후, 실행을 위한 세부 요구안을 독일 측에 제시했습니다. 독일은 승전국의 요구에 따라 매년 20억 마르크의 배상금을 지급해야 했는데, 이는 독일 정부의 1년 예산인 60억 마르크의 3분의 1

독일에 부과된 막대한 배상금을 풍자한 그림

에 해당하는 액수였습니다. 또한 연간 수출액 중 26%를 승전국에 내놓아야 했습니다. 만약 독일이 약정금액을 지급하지 못할 경우, 당시 독일 최대 공업지대인 루르_{Ruhr} 지역을 무력으로 점령하겠다는 협박적 조항도 승전국의 요구안에 포함

---

* 독일의 화폐 단위.

되었습니다.

　승전국이 요구한 배상금액 1,320억 마르크는 독일 정부 1년 예산
의 22배에 해당하는 엄청난 금액으로 도저히 갚을 수 없는 액수였습
니다. 독일은 총리까지 사임하는 등 한바탕 소동을 일으키며 혹독한
배상금 부과에 저항했지만 군사력이 미약하다 보니 뾰족한 대책을
마련할 수 없었습니다. 독일 정부는 배상금을 마련하기 위해 국민들
에게 거두어들이는 세금을 대폭 늘리는 동시에 복지 혜택을 줄이는
고육지책을 동원했습니다. 하지만 매년 20억 마르크나 되는 금액을
배상하기에는 턱없이 부족했습니다.

　독일 정부는 할 수 없이 마르크 화폐를 대량으로 찍어 내 승전국에

끝도 없이 돈을 찍어 낸 독일 정부

전쟁배상금으로 지급했습니다. 그러나 산업 생산량의 증가 없이 마르크 화폐가 지나치게 많이 발행되자 독일의 화폐가치가 폭락하기 시작했습니다. 제1차 세계대전 이전에 1달러를 환전하면 4.2마르크 정도 되던 독일 화폐가치는 배상금 지급이 시작된 이후 계속 낮아져 1921년 11월 무렵 1달러에 276마르크로 떨어졌습니다.

이후 마르크 화폐의 가치는 더욱 빠른 속도로 하락해, 1923년 겨울 무렵 1달러에 무려 4조 2,000억 마르크까지 급락했습니다. 이는 1달러를 사기 위해 4조 2,000억 마르크가 필요하다는 뜻으로, 마르크 화폐가 더 이상 화폐로서의 기능을 할 수 없음을 의미했습니다. 마르크 화폐의 가치 폭락은 물가 폭등을 불러왔고 이로 인해 가뜩이나 어려운 독일 국민들의 삶은 더욱 피폐해져 갔습니다.

월급으로 받은 엄청난 양의 돈

전쟁 이전만 해도 6만 마르크 정도만 손에 쥐고 있으면 편안한 노후가 보장되었습니다. 하지만 승전국에 배상금을 지급하기 시작한 이후 독일에 엄청난 물가 상승인 하이퍼인플레이션hyperinflation이 발생해 국민들을 옥죄기 시작했습니다. 모든 상품의 가격이 폭등해 빵 한 덩어리가 1,000억 마르크를 넘어섰고, 심지어 커피를 마시

장작 대신 돈을 연료로 사용하는 독일 사람들

는 짧은 시간에도 커피 가격이 두 배 이상 올랐습니다.

하이퍼인플레이션은 힘들게 저축해 돈을 모은 사람들을 순식간에 가난뱅이로 만들어 버렸습니다. 평생 저축한 돈으로 빵 하나 살 수 없게 된 예금자들은 은행을 상대로 법정분쟁을 벌였습니다. 그들은 통장에 표시된 금액이 아니라 저축할 당시의 화폐가치만큼 예금액을 높여 지급할 것을 요구했지만, 은행은 이를 거절했습니다. 또한 남에게 돈을 빌려준 채권자들도 채무자에게 돈을 빌려 갈 때의 가치대로 갚을 것을 요구해 곳곳에서 시비가 벌어졌습니다. 돈에 대한 시비는 살인 사건으로 비화되어, 독일 전역에서 돈 문제로 목숨을 잃는 사람

벽지 대신 돈을 바르는 사람들

들까지 생겨났습니다.

하이퍼인플레이션이 극성을 부리던 1923년 말경에는 회사에서 받은 월급을 집으로 가져오기 위해 수레를 이용해야 했을 정도로 마르크 화폐의 가치가 종이에 지나지 않는 수준으로 전락해 버렸습니다. 독일 사람들은 겨울철에 장작 대신 마르크 화폐를 연료로 사용했고, 벽지

장난감 대신 돈을 갖고 노는 아이들

5,000억 마르크 지폐

50조 마르크 지폐

대신 돈을 벽에 발랐으며, 아이들은 돈다발로 놀이를 했습니다. 의사들은 환자를 진료해 주고 치료비 대신 식량을 받고자 했습니다. 심지어 길에 떨어진 마르크 지폐를 줍는 사람조차 없었습니다.

당시 독일에는 1조 마르크의 동전과 100조 마르크짜리 지폐가 유통될 정도로 돈의 가치가 형편없었습니다. 물가 급등으로 독일 경제가 붕괴되면서 실업률이 30%를 넘어섰고, 고기와 우유 소비량이 80% 이상 줄어 영양실조에 걸린 사람이 급증했습니다. 영양실조는 소아 발육부진과 결핵으로 인한 사망자를 급속히 늘려, 독일은 그야말로 처참함 그 자체가 되었습니다.

경제가 파탄 나자 세금수입이 급속히 줄어들면서 독일 정부는 배상금을 갚을 수 없게 되었습니다. 이런 상황을 두고 승전국 사이에 의

독일 루르 지역을 점령한 프랑스군

견이 분분했습니다. 미국은 독일 사람들의 참담한 광경을 보다 못해 프랑스와 영국에 관용을 베풀 것을 요구했습니다. 영국은 미국의 요청대로 배상금 문제로 독일을 닦달하지 않았으나, 프랑스는 독일이 배상금을 제때에 보내지 않으면 침략하겠다는 엄포를 놓았습니다.

실제로 1923년 프랑스는 군대를 동원해 독일의 루르 지방을 점령해 버렸습니다. 프랑스 군대는 루르 지방에서 생산되는 석탄을 모조리 내놓으라고 요구했고, 이에 맞서 독일 광부들은 파업으로 저항했습니다. 프랑스 점령군이 다른 지역 광부를 데려와 석탄을 캐는 바람에 독일인들은 가정용 난방연료인 석탄 없이 추운 겨울을 나야 했습니다.

그러던 중 프랑스군의 횡포를 참다못한 독일인들이 프랑스 장교한 명을 살해하는 일이 벌어졌습니다. 이 일을 계기로 독일인에 대한

프랑스의 탄압은 강도를 더해 갔습니다. 살해된 프랑스 장교의 시신이 관에 실려 고향으로 돌아가는 자리에서, 프랑스군은 관이 지나갈 때마다 정중하게 예의를 표하도록 독일인에게 강요했습니다. 관에 대해 깍듯한 예의를 표하지 않는 사람들은 프랑스 군인으로부터 뺨을 맞는 등 폭행과 함께 인격을 모독하는 욕설을 들어야 했습니다.

프랑스의 학정에 고통받는 독일인을 가엾게 여긴 미국 정부는 1924년 독일을 돕기 위해 나섰습니다. 미국은 프랑스 정부를 압박해 루르 지방에 주둔해 횡포를 부리던 프랑스 군대를 철수시키고, 독일에 대한 대규모 경제지원을 통해 독일인의 고통을 덜어 주었습니다. 또한 독일이 발행한 국채를 대거 인수해 국가재정이 고갈되지 않도록 도왔습니다. 미국은 전쟁배상금을 달러뿐 아니라 독일 마르크

화로 갚을 수 있는 길을 열어 줌으로써 독일 정부의 부채상환 부담도 크게 줄여 주었습니다. 독일 경제는 미국의 전폭적인 지원에 힘입어 차츰 안정을 찾아 갔습니다.

얼마 후 독일 정부는 화폐로서 기능을 잃어버린 기존 마르크화를 폐기하고 새로운 마르크화를 도입하면서 끔찍했던 하이퍼인플레이션의 악몽에서 간신히 벗어났습니다. 구형 1조 마르크 화폐가 신형 1 마르크 화폐로 대체되는 화폐개혁 조치가 성공하면서 하이퍼인플레이션은 극적으로 완화되었고, 독일 경제는 가까스로 안정세를 되찾았습니다.

경제 대공황으로 인해 다시 불어닥친 독일의 위기

1929년 미국에서 경제 대공황이 시작되면서 그 여파가 유럽에도 미쳤습니다. 미국은 그동안 해마다 독일에 막대한 달러를 빌려주며 독일 경제를 지탱해 주었지만 경제 대공황이 발생하자 더 이상 자금을 지원할 수 없었습니다. 더구나 빌려주었던 달러를 회수하면서 가뜩이나 취약하던 독일 경제에 큰 부담을 안겼습니다.

경제 대공황이 유럽에 영향을 미치자 영국과 프랑스는 경기침체를 막기 위해 식민지 국가에 대한 수탈을 강화하기 시작했습니다. 영국과 프랑스는 보호무역 정책을 실시해 전 세계에 걸쳐 있는 식민지의 빗장을 걸어 잠갔습니다. 이로 인해 독일과 일본 같은 후발 산업국의

주가 대폭락으로 시작된 경제 대공황

1929년 경제 대공황으로 일자리를 잃은 미국인들

미국발 경제 위기로 극심한 경제난에 시달린 독일

제품에 대한 판로가 막혀 버렸고 수출 기업이 대거 무너지면서 거리에 실업자가 넘쳐나기 시작했습니다.

1930년대 초반 독일 국민들은 노동자 3명 중 1명이 일자리를 잃는 아픔 속에 한 치 앞을 알 수 없는 생활고에 시달렸습니다. 경제 대공황이 발생한 지 불과 3년 만인 1932년에 이르자 독일의 16세에서 30세까지의 청년들 중 무려 600만 명이 일자리를 찾지 못해 거리를 배회하는 신세가 되었습니다.

당시 독일은 제1차 세계대전 패전을 계기로 빌헬름 2세Wilhelm II가 물러나고 새로운 바이마르 공화국이 들어서 있었습니다. 바이마르 공화국은 당시까지 인류가 만든 헌법 중 가장 민주적이고 진보적인 헌법을 제정했을 정도로 이상적인 국가를 표방했습니다. 바이마르

독일에서 돈줄을 쥐고 있던 유대인들

헌법은 인간의 기본권 보호에 관한 자세한 내용과 함께 현대식 복지 제도를 규정함으로써 모두가 골고루 잘사는 독일을 추구했습니다. 하지만 경제 대공황으로 인해 바이마르 공화국이 붕괴 위기에 처했습니다. 그런데도 승전국, 특히 프랑스는 한 치의 양보 없이 계속해서 독일을 압박하며 전쟁배상금을 통해 자국의 이익만 도모하려 했습니다.

이 시기에 프랑스 이외에도 독일인의 신경을 건드리는 사람들이 있었습니다. 바로 유대인이었습니다. 독일 경제가 위기에 처해 망하는 기업이 속출하자 영국과 미국의 유대인 부호들은 독일로 몰려와 다 쓰러져 가는 독일 기업을 헐값에 인수해 정상화시킨 다음 비싼 값에 되팔아 막대한 차익을 챙겼습니다. 더구나 가난한 독일 사람들을

독일의 부를 쥐고 있던 로스차일드 가문의 문장

상대로 고리대금업을 하면서 빠른 속도로 부를 늘려 갔습니다.

제1차 세계대전 기간에 로스차일드Rothschild 같은 유럽 최고의 유대인 부호는 연합국 정부를 상대로 돈을 빌려주고 고율의 이자를 챙기며 누구보다도 큰돈을 벌었습니다. 이렇듯 유대인 부호들에게 제1차 세계대전은 큰돈을 벌 수 있는 기회였습니다. 그들은 종전 후에도 독일이 지급한 전쟁배상금의 일정 부분을 차지하며 독일인들의 미움을 샀습니다. 시간이 흐를수록 유대인과 프랑스는 독일 사람들에게 용서할 수 없는 원수가 되어 갔습니다. 과거 영국의 경제학자 케인스가 경고한 대로, 이런 정황 속에서 독일 국민들의 분노를 이용해 권력을 움켜쥔 독재자가 결국 등장하고야 말았습니다.

아돌프 히틀러

아돌프 히틀러Adolf Hitler는 1889년 4월 20일 독일 국경 부근에 있는 오스트리아의 작은 마을 브라우나우암인Braunau Am Inn에서 세관원의 아들로 태어났습니다. 그의 아버지 알로이스 히틀러Alois Hitler는 인정이라고는 전혀 없는 냉정하고 엄격한 사람으로 툭하면 아들을 매섭게 다

그치곤 했습니다.

알로이스는 오스트리아 빈
Vienna에서 구두닦이로 시작해
세관공무원 고위직에 오른 인
물로서 자식도 자신처럼 공무
원이 되기를 바랐지만, 히틀
러는 공무원에 뜻이 전혀 없
어 아버지의 화를 돋웠습니
다. 알로이스는 아돌프 히틀
러가 그의 기대에 미치지 못
할 경우 가차 없이 폭력을 행

어린 시절의 히틀러

사하며 집 안을 순식간에 공포 분위기로 만들었습니다.

이에 반해 어머니 클라라Klara는 매우 온화한 성품의 여성이었습니
다. 히틀러는 어릴 적부터 공부를 못해 불같은 성격의 아버지로부터
꾸지람을 듣기 일쑤였고 수시로 무자비한 폭력에 시달렸는데, 그때
마다 어머니가 감싸 주었습니다. 이처럼 히틀러는 권위주의적이고
폭력적인 성격의 아버지와 모든 것을 받아 주는 어머니 사이에서 성
장하며 불안한 정서를 갖게 되었고, 이는 훗날 분노조절 장애로 이어
졌습니다.

학창시절 학업에 흥미를 잃어버린 히틀러는 사교적이지도 못해 친
구도 거의 없이 홀로 지냈습니다. 어릴 적부터 그림 그리기에 관심이
많았던 그는 미술학교에 진학하기를 희망했지만, 그의 아버지는 아

들을 강제로 실업계 학교에 보내 졸업 후 곧바로 취업전선에 뛰어들기를 바랐습니다.

1903년 아버지가 갑자기 세상을 떠나면서 비로소 히틀러는 아버지의 횡포에서 벗어날 수 있었습니다. 이후 그는 화가가 되기로 결심하고 실업계 학교를 자퇴해 독학으로 미술공부를 했지만 그 누구에게도 재능을 인정받지 못했습니다. 1907년 어머니마저 암으로 죽자 히틀러는 크나큰 슬픔에 빠졌습니다. 식음을 전폐하며 슬퍼해, 이를 지켜보던 사람들 모두 히틀러의 비통함에 함께 아파했을 정도로 그는 어머니의 죽음에 괴로워했습니다.

슬픔이 어느 정도 가라앉자 히틀러는 미술대학 진학을 위해 오스

매정했던 히틀러의 아버지

온화한 성품을 지닌 히틀러의 어머니

화가 지망생 시절 히틀러의 그림

트리아의 수도 빈으로 이주했습니다. 그곳에서 빈 예술대학에 진학하려고 했지만 시험에 연거푸 낙방하면서 대학 진학의 꿈을 접어야 했습니다. 히틀러는 호구지책으로 그림엽서를 만들어 팔았지만, 그가 그린 우울한 분위기의 그림엽서를 사는 사람은 많지 않았습니다. 이가 득실거리는 싸구려 단칸방에 살던 히틀러는 집세를 낼 돈이 없을 때는 단칸방에서 쫓겨나 노숙자로 지내기도 하는 등 극빈자의 삶을 살았습니다.

1914년 제1차 세계대전이 일어나자 히틀러는 오스트리아 군대의 징집영장을 받았습니다. 하지만 병역기피를 위해 도망 다니며 군대

하급 군인이 된 히틀러

에 가기를 극구 꺼렸습니다. 그가 오스트리아 군대에 가지 않으려고 한 데는 나름대로 이유가 있었습니다. 히틀러는 빈에서 거주하는 동안 수시로 국회의사당을 방문했습니다. 당시 빈은 국제도시였기 때문에 히틀러와 같은 혈통인 게르만족*뿐 아니라 헝가리, 체코 등 인근 국가에서 이주해 온 슬라브족** 사람이 많이 거주하고 있었습니다.

　게르만족 우월주의에 빠져 있던 히틀러에게 평소 열등하다고 생각했던 동유럽 국가 출신의 국회의원들이 활동하는 모습은 눈엣가시와 같았습니다. 그런 다민족 국가인 오스트리아가 마음에 들지 않아 병역을 기피하던 그는 결국 오스트리아 당국에 적발되어 군대에 끌려갔으나, 생각지도 못하게 신체검사에서 불합격해 병역이 면제되었습니다. 막상 조국 오스트리아 군대에서 받아주지 않자 오기가 치민 그는 오스트리아와 같은 게르만족의 나라인 독일군에 입대하기로 결심

---

* 게르만어를 사용하는 인도-유럽어족. 독일, 덴마크, 네덜란드를 비롯해 스칸디나비아반도 등지에 거주한다. 체격이 크고 푸른 눈에 금발이 많다. .
** 슬라브어를 사용하는 인도-유럽어족. 유럽 전체 인구의 3분의 1을 차지하는 최대 민족으로, 러시아를 비롯한 동유럽, 발칸반도 등지에 거주한다. 하얀 피부와 금발이 많다.

군인으로
두각을 발휘한
히틀러
(두 번째 줄 맨 오른쪽)

했습니다.

제1차 세계대전 당시 독일은 부족한 병력을 보충하기 위해 총을 들 힘만 있으면 누구나 군인으로 받아주었습니다. 히틀러는 평소 자랑스럽게 여기던 게르만족이 절대다수를 이루는 독일군에 소속된 것을 매우 뿌듯해했으나, 동료들은 히틀러를 좋아하지 않았습니다. 그는 전쟁터에서 혼자 밥을 먹으며, 누구와도 소통하지 못하는 외톨이로 지냈습니다.

군대에 잘 적응하지 못하던 히틀러에게 참호연락병이라는 새로운 임무가 주어지면서 인생의 전환점이 찾아왔습니다. 제1차 세계대전은 적군의 기관총이 무서워 참호*에서 머리조차 들 수 없던 참호전이

---

* 야전에서 몸을 숨기면서 적과 싸우기 위하여 방어선을 따라 판 구덩이.

었기 때문에 참호 간의 연락이 쉽지 않았습니다. 히틀러는 총탄이 빗발치는 참호를 오가며 메시지를 전하는 연락병으로 맹활약했습니다. 이 일로 사병에게는 좀처럼 수여되지 않는 독일군 최고 명예 훈장인 철십자훈장*을 받았습니다.

당시 참호연락병은 사망률이 매우 높아 모두가 피하려 드는 보직이었지만 히틀러는 사명감에 불타 충실히 임무를 수행했습니다. 그 과정에서 총상을 입기도 했지만 끝내 임무를 완수해 사병에서 중사로 진급했습니다. 그러다 1918년 11월 독일이 연합국에 항복을 선언했습니다. 히틀러는 군대에 계속 남고 싶어했지만 베르사유조약에 의해 독일군이 대폭 감축되면서 군대에서 쫓겨나고 말았습니다. 죽을힘을 다해 전쟁에 임한 그에게 독일의 패전은 큰 충격과 함께 무한한 분노를 불러일으켰습니다.

군대에서 쫓겨난 히틀러는 정치활동에 뜻을 두고 반反유대주의 군소 정당인 독일노동자당에 가입했습니다. 정당인이 된 그는 당의 선동가로서 놀라운 능력을 발휘했습니다. 히틀러 자신이 날품팔이·노숙자·하급 군인 등 일생 동안 하류층 생활을 전전했기 때문에 누구보다도 사회적 약자의 마음을 잘 알고 있었고, 그의 연설은 하류층에게 잘 먹혀 들어갔습니다. 당원들도 히틀러의 정치적 신념에 매료되었습니다. 1919년에 창당된 독일노동자당은 더 많은 사람에게 광범

* 1813년에 독일에서 제정된 무공 훈장. 독일 제국을 거쳐 나치스 독일까지 이어졌다.

위하게 호소하기 위해 1920
년 국가사회주의독일노동자
당, 즉 나치스Nazis로 당명을
개칭했습니다.

히틀러는 독일 국민들이 겪
고 있는 고통은 승전국의 가
혹한 배상금 징수와 고리대금
업으로 큰돈을 버는 유대인의
착취 때문이라고 열변을 토하
면서 사람들의 마음을 사로잡
았습니다. 그가 연설할 때마

열변으로 독일인의 마음을 사로잡은 히틀러

다 퇴역 군인·실업자·소상공인 등 많은 사람이 구름떼처럼 모여들
어 그의 주장에 공감했습니다. 하지만 기득권층은 이러한 상황에 별
로 개의치 않았습니다. 히틀러가 아무리 사람을 끌어모으더라도 사
회 하류층에 지나지 않는 그들이 할 수 있는 일은 거의 없다고 생각
했기 때문입니다.

히틀러는 가난한 사람들을 투표장에 끌어낼 수 있다면 민주주의의
다수결 원리에 따라 권력을 장악할 수 있음을 간파하고 지지자 모집
에 총력을 기울였습니다. 나치당은 하층민을 상대로 승전국과 유대
인 응징 그리고 빈민구제라는 단순한 주제를 부각시켰습니다. 그리
하여 1929년 경제 대공황 이후 실시된 1930년 총선에서 18.3%의 지

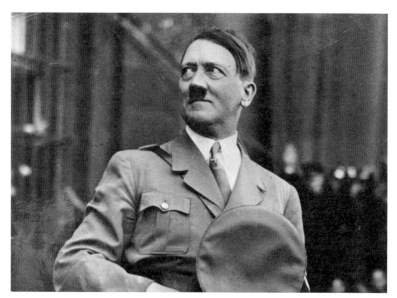

독일인의 분노를 이용해 권력을 잡은 히틀러

독일 최대 정당으로 성장한 나치스

지율을 얻어 사회민주당에 이어 제2당으로 떠올랐습니다. 독일 경제가 붕괴 직전에 몰린 1932년 총선에서는 히틀러의 나치당이 37.3%의 지지를 얻어 마침내 제1당*의 지위에 오르며 의회 권력을 손에 넣었습니다.

히틀러의 경제 개혁

1933년 1월 히틀러는 독일 수상 자리에 올라 행정권을 장악했습니다. 그는 취임한 지 1개월 만에 대대적인 경제 개혁안을 발표하고 국가 개조에 나섰습니다. 그가 내세운 개혁의 최종 목표는 서민층 보호였습니다. 유대인과 제1차 세계대전으로 큰돈을 번 사람들의 부당이익을 환수해 서민들에게 배분함으로써 빈부 차이를 조금이라도 줄이려고 했습니다. 또한 실업문제 해결과 인프라 구축을 위해 국가가 주관하는 대규모 공공사업을 벌이기로 했습니다.

이 시기에 등장한 것이 세계 최초의 속도 무제한 고속도로라 불리는 아우토반입니다. 평소 히틀러는 독일이 제1차 세계대전에서 패배한 이유 중 하나가 수송 능력 부족에 있다고 생각했습니다. 당시 충분치 못한 도로 사정으로 인해 전쟁물자가 전쟁터로 신속히 운반되지 못했고, 이는 실제로 패전의 주요 원인이 되었습니다.

히틀러는 다음 전쟁을 준비하는 동시에 무수히 많은 실업자를 구

---

* 여당이나 야당에 상관없이 국회 의석 수가 제일 많은 당이 제1당이다.

아우토반 건설에 첫 삽을 든 히틀러

독일을 실핏줄처럼 연결하는 아우토반

제하기 위해 독일 전역에 아우토반을 건설할 계획을 세우고 실행에 들어갔습니다. 이를 위해 연간 세금수입이 60억~70억 마르크 수준에 지나지 않는 상태에서, 첫해에만 무려 20억 마르크가 넘는 예산을 아우토반 건설에 투입했습니다. 히틀러가 등장하기 이전까지 15년간 유지되었던 바이마르 공화국에서 지출한 모든 공공사업 예산이 3억 마르크 남짓이었던 점에 비추어 볼 때, 히틀러의 아우토반 건설비용은 일반인의 상상을 초월하는 액수였습니다.

히틀러가 엄청난 규모의 아우토반 건설에 착수하자 대부분의 정치인과 경제학자는 강력히 반대하고 나섰습니다. 20세기 최대 토목공사에 해당하는 아우토반 건설은 독일 정부의 예산규모에 비해 너무 큰 사업이라서 독일 경제를 파탄으로 몰고 갈 수 있다는 우려가 쏟아졌습니다. 그러나 주위의 걱정 어린 시선과 만류에도 불구하고 히틀러는 계속해서 아우토반 건설을 밀어붙였습니다.

그런데 히틀러는 아우토반 건설 과정에서 경제를 살릴 수 있는 매우 독창적인 방법을 찾아냈습니다. 오늘날에도 경기를 살린다는 명분으로 각국 정부가 대규모 토목공사를 벌이지만 실제로 경기가 나아지는 경우는 거의 없습니다. 공공사업에 투자되는 예산 중 노동자에게 돌아가는 몫은 적고, 대부분의 수익을 기업이 차지하기 때문입니다. 히틀러는 아우토반 건설의 혜택이 실제 공사에 참여하는 노동자에게 돌아갈 수 있도록 노동자의 임금을 먼저 결정한 후에 총 공사를 시작했습니다.

이 같은 '노동 친화적' 공공사업을 통해 건설비의 절반가량이 노동자의 임금으로 지급되면서 공사에 참여한 수십만 명의 실업자가 적지 않은 소득을 올렸습니다. 수입이 생긴 아우토반 건설 노동자가 대거 소비에 나서면서 공장에 산더미처럼 쌓여 있던 엄청난 양의 재고품이 소진되기 시작했습니다. 재고품이 동나자 기업은 노동자를 신규 채용해 생산량을 늘리면서 경제에 활력을 불어넣었습니다. 이때부터 독일 경제에 선순환이 일어나기 시작했습니다. 노동자의 소득 증가는 제품에 대한 수요 증가를 불러왔고, 이는 고용 증가로 이어졌습니다.

히틀러는 '경제 살리기'의 불씨를 꺼뜨리지 않기 위해 전기·수도·철도 등 제1차 세계대전으로 인해 부족해진 인프라를 대대적으로 확충하면서 경제성장을 위한 발판을 마련했습니다. 시간이 흐르면서 히틀러의 '경제 살리기' 노력은 결실을 맺어 넘쳐나던 실업자가 거짓말처럼 사라졌습니다.

히틀러 집권 3년 만인 1936년 독일의 실업자 수는 경제 대공황 이전 수준인 100만 명으로 낮아졌고, 1938년에는 29만 명까지 줄어 사실상 완전고용상태를 이루었습니다. 독일인들은 1918년 제1차 세계대전이 끝난 지 20여 년 만에 처음으로 빈곤에서 벗어났으며, 이러한 업적을 이룩한 히틀러를 적극 지지했습니다.

당시 미국의 프랭클린 루스벨트Franklin Roosevelt 대통령도 경제 대공황

강력한 지지를 받았던 히틀러

을 극복하기 위해 뉴딜정책*을 펼치며 나름대로 경기부양에 나섰지만 최대 1,200만 명에 이르던 실업자 수를 780만 명 수준으로 줄이는 데 그쳐, 20%에 이르는 높은 실업률 정도에 만족해야 했습니다. 그런데 히틀러는 미국 최고의 대통령으로 평가받는 프랭클린 루스벨트를 뛰어넘는 경제성과를 이루어 냈습니다. 이에 나라 안팎에서 찬사가 쏟아졌습니다.

또한 히틀러는 노동자 복지에도 큰 관심을 기울여 근무시간 단축과 유급 휴가를 보장하는 법을 통과시켰습니다. 덕분에 독일 국민들

---

* 미국의 32대 대통령인 프랭클린 D.루스벨트 대통령이 역사상 유례를 찾기 힘든 경제 대공황을 극복하기 위해 실시한 경제 진흥책. 막대한 예산을 투입해 일자리를 만들어 실업자를 구제하고, 대규모 공공사업을 통해 경제를 활성화하고자 했다.

노동 친화적 정책으로 성공한 히틀러의 경제 개혁

은 이전에는 상상도 할 수 없었던 여유를 누릴 수 있게 되어, 여름철에는 해변마다 휴가를 즐기려는 사람으로 발 디딜 틈이 없어졌습니다. 이렇듯 히틀러는 실업자를 대폭 줄이겠다는 국민과의 약속을 지켰고 일자리를 얻게 된 노동자와 그의 가족 수천만 명은 히틀러의 열렬한 지지자가 되었습니다.

독일 국민차 탄생

역사상 유례를 찾아보기 힘들 정도로 성공적인 공공사업 프로젝트인 아우토반 건설을 통해 독일에는 무려 500만 개의 새로운 일자리가 생겨났습니다. 하지만 완성된 고속도로 위를 달리는 차가 없어 아

당대 최고의 자동차 설계자라 불린 포르셰 박사

우토반 건설이 생각만큼 파급효과를 내지 못하자, 히틀러는 새로운 구상을 떠올렸습니다. 독일을 세계적인 산업국가로 만들기 위해 국민차 프로젝트에 착수한 것입니다. 국민차 프로젝트는 히틀러의 자동차 산업 육성 정책으로서, 자동차 산업의 파급력을 알아본 히틀러의 혜안이 있었기에 가능했습니다.

한 대의 자동차를 만들기 위해서는 최소 2만 개 넘는 부품이 필요하기 때문에 국민차 개발은 일자리 창출에 큰 도움이 됩니다. 예를 들어 자동차 차체를 만들기 위해서는 철강 산업을 일으켜야 하고, 타이어 생산을 위해서는 고무 산업을 육성해야 합니다. 이렇듯 완성차를 생산하기 위해서는 대규모 자본투자가 이루어져야 하며, 이 과정에서 안정적인 일자리가 생겨납니다.

포르셰가 히틀러의 요구를 받고 만든 자동차 폭스바겐 비틀

히틀러는 새로 생기는 국영 자동차 회사인 폭스바겐Volkswagen이 경쟁력을 가질 수 있도록 최고의 인재를 영입하기 위해 노력했습니다. 당시 히틀러가 눈독을 들인 사람이 바로 페르디난트 포르셰Ferdinand Porsche 박사였습니다. 자동차가 세상에 등장한 이래 가장 뛰어난 엔지니어로 평가받던 프로셰 박사는 히틀러의 국민차 개발계획 제안을 흔쾌히 받아들였습니다.

히틀러는 포르셰에게 매우 까다로운 신차의 조건을 제시했습니다. 부부와 자녀 3명 정도가 탈 수 있는 넉넉한 공간에다 시속 100킬로미터 이상의 주행 속도, 석유가 한 방울도 나지 않는 독일의 사정을 고려해 휘발유 1리터당 최소 14킬로미터 이상의 연비를 갖추도록 했습니다. 게다가 독일의 추운 겨울 날씨를 감안해 영하의 날씨에서도 자동차가 얼어붙지 않을 것과, 독일 근로자의 7개월 치 임금인 1,000 마르크 이하의 저렴한 금액에 가격을 맞출 것을 요구했습니다.

1930년대 기술로는 히틀러가 내세운 조건 중 어느 하나도 충족하기 쉽지 않았습니다. 하지만 포르셰 박사는 이 조건을 충족하기 위해 혁신적인 기술개발에 매달렸습니다. 연구개발을 시작한 지 3년 만인 1936년 히틀러의 조건을 모두 충족하는 차가 개발되었습니다. 딱정벌레 모양의 독일 국민차는 '폭스바겐 비틀Volkswagen Beetle'로 이름 지어졌습니다. 폭스바겐 비틀은 저렴한 가격에다 뛰어난 성능을 바탕으로 국민들의 사랑을 독차지해, 생산량이 대폭 늘어나면서 일자리 창출에 큰 기여를 했습니다.

히틀러는 인프라 구축을 통해 경제발전의 발판을 마련했고, 자동차 산업 등 다양한 분야의 사업을 육성하며 독일을 미국 다음의 공업국가로 부흥시켰습니다. 그는 다른 유럽 국가들과의 경쟁에서 승리하기 위해 과학기술 개발에도 막대한 돈을 쏟아부었습니다. 당시 독일 과학자와 기술자들은 정부로부터 최고 대우를 받으며 연구에 매진했고, 이를 통해 나치 독일은 각종 첨단기술을 확보할 수 있었습니다.

히틀러가 내수를 일으켜 독일은 어느 정도 경제 회복에 성공했지만 그렇다고 모든 문제가 해결된 것은 아니었습니다. 영국이나 프랑스 같은 국가들은 자국에서 생산한 제품을 팔 수 있는 방대한 식민지를 갖고 있었기 때문에 경제 위기에 유연하게 대처할 수 있었습니다. 그러나 변변한 식민지가 없던 독일은 생산능력보다 빈약한 내수만으로는 경제 위기를 완전히 극복할 수 없었기 때문에 식민지 획득에 나서야 했습니다. 그런데 그러려면 식민지 대국 영국과 프랑스와의 일전이 불가피했습니다.

프랑스의 마지노선 요새

독일은 히틀러 집권 이후 폭발적인 경제성장을 거듭하면서 빠른 속도로 예전 국력을 회복했습니다. 독일 국력이 하루가 다르게 일취월장하자 히틀러는 그동안 마음속에 품고 있던 앙갚음을 실천에 옮기고자 했습니다. 제1차 세계대전 승전국에 대한 복수를 꿈꾸던 히틀러는 집권 초기부터 군사력을 강화하려 했지만 베르사유조약의 군비확장 금지규정 때문에 여의치 않았습니다.

이에 히틀러는 군비확장을 위해 편법을 동원하며 은밀히 군사력을 확충해 나갔습니다. 향후 전쟁에서 공군력이 중요한 역할을 할 것으로 예상한 히틀러는 민간 항공기 개발을 구실로 대규모 비행기 생산 공장을 건설했습니다. 새로 세운 공장에서 만들어진 비행기는 기관총만 장착하면 공군기로 활용이 가능해, 훗날 모두 전투기로 이용되었습니다.

그리고 전국의 엘리트 청년들을 모아 강도 높은 비행기 조종훈련을 실시해 가까운 미래에 일어날 전쟁에 대비했습니다. 또한 육군을 10만 명 이하로 유지해야 한다는 베르사유조약을 피하기 위해 '히틀

항공기 제작에 나선 히틀러

청소년까지 군인으로 만든 히틀러

러 유겐트'라는 청년 조직을 만들어 예비 군인으로 키워 나갔습니다. 히틀러 유겐트란 18세 이하의 모든 독일 청소년을 대상으로 구성된 조직으로서, 이곳에서 청년들은 엄격한 스파르타식 단체생활을 통해 나치 사상*을 주입받고 기초 군사훈련을 받았습니다. 이들은 언제라도 군인으로 활동할 수 있을 정도로 강력한 군사훈련을 받았고, 훗날 독일군의 일원이 되었습니다.

독일이 비밀리에 군비를 확장하자 독일에서 활동하던 프랑스 스파이들이 이를 눈치 채고 본국에 보고했습니다. 독일의 공군력 증강 소식을 접한 프랑스 정부는 대책 마련에 나섰습니다. 프랑스 군부 내 강경파는 독일이 힘을 키우지 못하도록 견제하기 위해 독일로 쳐들어가야 한다고 주장했습니다. 이에 반해 온건파는 독일이 "비행기 몇 대와 청소년을 가지고 뭘 할 수 있겠냐?"며 그냥 놔두자고 주장했습니다. 결국 온건파의 주장이 관철되어 프랑스 정부는 독일의 군비 증강을 눈감아 주었습니다. 이 같은 프랑스의 조치는 히틀러의 기세를 한층 드높여 놓았습니다.

1935년 3월 16일 히틀러는 베르사유조약의 폐기를 선언하며 드디어 숨은 발톱을 드러냈습니다. 그는 베르사유조약을 폐기하자마자 대놓고 군인 수를 늘리고 전차를 생산하며 군사력을 확대해 나갔습

---

* 히틀러를 추종하던 사람들이 따르던 정치사상. 게르만 민족이 우월하다는 인종차별주의를 기반으로 유대인을 혐오하는 반유대주의가 핵심사상의 하나이다.

니다. 이는 누가 보아도 분명 전쟁을 준비하는 모습이었지만 프랑스 지도층은 선제공격 대신 방어계획을 짜기에 급급했습니다.

　당시 유럽에서는 프랑스가 가장 막강한 육군을 보유하고 있었고, 가장 강한 해군력을 가진 나라는 영국이었기 때문에 양국이 힘을 합쳐 독일을 선제공격했다면 히틀러는 꼼짝없이 항복할 수밖에 없었을 것입니다. 하지만 프랑스 지도자들은 독일을 공격하는 대신 마지노선Maginot Line이라는 지상 최대의 요새를 건설하면서 전쟁에서 이길 수 있는 절호의 찬스를 놓치고 말았습니다.

　마지노선이란 프랑스 육군 장관이었던 앙드레 마지노André Maginot가 제안해 건설한 프랑스와 독일 사이의 국경을 따라 이어진 약 750킬로미터의 초대형 요새입니다. 앙드레 마지노는 제1차 세계대전 참전 용사로서 자신이 경험한 끔찍한 전쟁을 프랑스 젊은이들이 다시는

프랑스의 마지노선

독일과의 국경에 강력한 요새를 만든 프랑스

지하에 모든 시설을 갖춘 마지노 요새

마지노 요새를 통해 이동하는 프랑스군

겪지 않도록 하기 위해 독일과의 국경 사이에 절대로 넘어올 수 없는 강력한 요새를 건설해 독일군의 사기를 꺾으려 했습니다.

　프랑스 정부는 전체 예산의 47%에 이르는 40억 프랑이라는 막대한 자금을 마지노선 건설에 쏟아부었습니다. 마지노선은 외관상 완벽 그 자체였습니다. 가장 얇은 곳의 두께가 3.5미터에 이를 정도여서 독일군의 포격을 완벽히 방어해 낼 수 있었습니다. 15킬로미터 간격으로 초대형 대포가 설치된 요새가 건설되었고, 이들 요새 사이에는 연결용 지하철도가 놓였습니다. 이 지하철도를 통해 군인들과 물자가 이동할 수 있어 독일군의 공격으로부터 절대적으로 안전했습니다. 요새 깊숙이 대형 창고도 완비되어 외부 병참* 지원 없이도 수개

* 군사 작전에 필요한 인원과 물자를 관리, 보급, 지원하는 일. 또는 그런 군의 기구.

월을 견딜 수 있도록 지어졌습니다.

또한 요새 안에는 영화관·목욕탕 등 각종 편의시설이 완비되어 하나의 지하도시를 이루었습니다. 마지노선은 프랑스가 동원할 수 있는 모든 건축기술이 집약된 대역사로서 인류 역사상 최대의 요새였습니다. 하지만 프랑스는 마지노선 건설에 모든 국력을 쏟는 바람에 정작 전투기나 전차 같은 차세대 전력을 갖추는 일을 소홀히 하는 실수를 범했습니다.

이탈리아의 베니토 무솔리니

베니토 무솔리니Benito Mussolini는 1883년 7월 이탈리아 북동부의 프레다피오Predappio에서 대장장이의 아들로 태어났습니다. 그의 아버지는 일할 때 외에는 술로 시간을 보내는 술주정뱅이였고 가족에게 수시로 폭력을 행사했습니다. 어릴 적부터 아버지의 부도덕한 모습을 보고 자란 무솔리니는 이기적이고 폭력적인 문제아로 성장했습니다.

부모의 무관심 속에 아홉 살이라는 늦은 나이에 학교에 들어간 무솔리니는 곧바로 물의를 일으키기 시작했습니다. 툭하면 교우들에게 욕설을 하고 물건을 빼앗았고, 피해자가 저항이라도 할라치면 흉기를 휘둘러 상처를 입혔습니다. 교무실로 불려가서는 반성은커녕 선생님에게 물건을 집어던지며 대들곤 했습니다. 그는 결국 퇴학당해 이후 여러 학교를 전전했습니다.

머리가 나쁘지 않고 마음먹으면 공부에 집중할 줄도 알았던 무솔

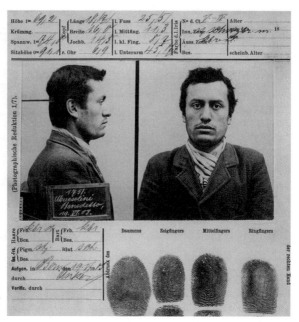

병역기피를 위해
해외로 도주한
무솔리니

리니는 18세에 교사자격증을 얻어 이탈리아 북동부의 작은 마을에서 초등학교 교사생활을 시작했습니다. 하지만 교사가 된 이후에도 술에 취해 싸움을 하고 동료 여교사를 희롱했으며, 누구라도 그의 잘못된 행동에 이의를 제기하면 흉기를 휘두르는 등 많은 물의를 일으켜 결국 교직에서 쫓겨났습니다.

이후 입대영장이 나오자 무솔리니는 1902년 징집을 피해 스위스로 달아나 밑바닥 생활을 전전하며 힘들게 하루하루를 보냈습니다. 그는 스위스에 머물면서 제정 러시아에서 망명해 온 공산주의자 블라디미르 레닌Vladimir Lenin과 인연을 맺고 공산주의 사상에 빠져들었습

감언이설로 이탈리아 사람들의 마음을 사로잡은 무솔리니

니다. 이후 열렬한 공산주의자로 변신해 스위스에서 집필·연설 등 적극적인 공산주의 활동을 펼쳤습니다. 그리고 1904년 이탈리아에서 징집기피자에 대한 사면 조치가 내려지자 귀국해 이탈리아 공산화에 앞장섰습니다.

무솔리니는 강렬한 연설을 통해 사람들을 사로잡는 능력이 있었습니다. 그가 다니며 연설하는 곳마다 적지 않은 수의 지지자들이 생겨났습니다. 그는 공산주의를 널리 퍼뜨리기 위해 '아반티'라는 신문사에 편집장으로 들어가 신문기사를 통해 자본주의에 대한 독설을 퍼붓고 공산주의야말로 가난한 농민과 노동자를 해방시키는 유일한 방법임을 내세우며 사람들을 자극했습니다.

무솔리니의 공산주의 활동을 유심히 지켜보던 이탈리아 자본가들은 그에게 적극적인 후원을 제안하며 포섭에 나섰습니다. 공산주의자인 무솔리니의 입장에서 돈 많은 자본가들은 타도의 대상이었습니다. 하지만 그는 많은 돈을 후원해 주겠다는 제안을 받고 하루아침에 자본가 편으로 전향해 극우주의자가 되었습니다.

　이탈리아가 연합국의 일원으로 제1차 세계대전에 참전하자, 무솔리니는 전쟁을 지지하며 자원입대할 정도로 적극적인 극우 행보를 보였습니다. 1917년 전쟁터에서 돌아온 무솔리니는 자본가들의 지원 아래 정치활동을 시작하며 공산주의 박멸 운동에 나섰습니다. 당시 자본가들은 공산주의가 만연한 이탈리아에서 공산주의 혁명이 일어나 한순간에 모든 것을 잃을지도 모른다는 불안감에 시달렸는데, 선동의 달인이었던 무솔리니가 극우 편에서 맹활약을 펼쳐 준 덕에 한시름 덜 수 있었습니다.

제1차 세계대전에 참전한 무솔리니

　1919년 무솔리니는 자신이 한때 몸담았던 신문사

'아반티'를 습격해 무차별적으로 파괴했습니다. 이 일을 시작으로 무솔리니와 그의 추종자들은 이탈리아 공산주의 세력의 본부를 급습하고 공산주의자들에 대해 무차별적 테러를 감행하면서 악명을 떨치기 시작했습니다. 얼마 전까지만 해도 공산주의가 이탈리아를 구원해 줄 것처럼 주장하던 무솔리니는 공산주의 타도의 선봉장이 되어 자본가들을 기쁘게 했습니다.

1921년 무솔리니가 자본가들의 후원을 받아 창당한 '국가파시스트당'은 총선에서 35석이나 얻는 쾌거를 이루며 이탈리아 내에서 무시할 수 없는 세력으로 성장했습니다. 무솔리니가 의회 진출에 성공해 나름대로 세력을 갖게 되자, 더욱 많은 자본가들이 그에게 뒷돈을 대주었습니다. 넉넉한 정치자금을 확보한 무솔리니는 일자리가 없어 생활고에 시달리던 퇴역 군인·실업자·조직폭력배·불량 청소년 등 사회에서 적응하지 못하는 사람들을 모아 사회주의 세력에 대한 테러를 일삼는 동시에 자신의 힘을 키워 갔습니다.

이 시기 무솔리니가 들고 나온 슬로건은 '위대한 로마 제국의 부활'이었습니다. 2000년 전 고대 로마인들은 지중해를 호수로 삼으며 세계적인 제국을 건설했지만, 그 이후로는 끊임없는 분열과 반목을 거듭하며 유럽의 병자 취급을 받아 왔습니다. 이에 무솔리니는 '고대 로마 제국의 영광 재현'이라는 슬로건을 통해 이탈리아 사람들의 강대국에 대한 향수를 자극하며 지지를 호소했습니다. 무솔리니의 선동은 의외로 이탈리아 국민들에게 잘 먹혀 들어갔습니다.

1922년 10월 무솔리니는 5만 명의 지지자를 동원해 권력 장악을 위한 '로마 진군'을 명령했습니다. 로마 진군은 로마에 있는 이탈리아 국왕을 겁박해 권력을 빼앗기 위한 쿠데타로, 무력을 통해 손쉽게 권력을 차지하기 위한 무솔리니의 전략이었습니다. 수많은 무솔리니의 지지자가 로마 왕궁을 향해 행군하는 동안 정작 무솔리니는 전면에 나서는 대신 스위스 인근의 밀라노Milano에 머물면서 사태를 지켜보았습니다. 평소 겁이 많던 그는 쿠데타에 실패하면 스위스로 도망칠 요량으로 밀라노에 남아 눈치만 보고 있었던 것입니다.

　　로마로 진군하던 무솔리니 추종자들은 제대로 군사훈련을 받은 적도 없는 오합지졸에 지나지 않았지만, 이탈리아 국왕은 지레 겁을 먹고 무솔리니에게 항복을 선언했습니다. 쿠데타가 성공했다는 소식이

로마에 입성한 무솔리니

콜로세움에서 로마 제국의 부활을 외친 무솔리니

전해지자 밀라노에 숨어 있던 무솔리니는 기차를 타고 단숨에 로마로 달려갔습니다. 그는 국왕으로부터 수상직을 얻어내는 데 성공해, 같은 해 10월 30일 내각을 출범시키며 세계 최초의 파시즘* 국가를 탄생시켰습니다.

이탈리아에서 파시즘을 최초로 주장한 무솔리니는 국수주의적이고 권위주의적인 국가를 이상적인 형태로 보았고, 국민들은 국가를 유지하기 위한 부품에 불과하다고 간주했습니다. 오로지 무솔리니

* 1910년대 이탈리아의 선동가 B. 무솔리니가 주장한 정치사상. 무솔리니를 중심으로 이탈리아인이 단결해 고대 로마 제국의 영화를 되찾자는 주장과 맥락을 함께했으며, 이를 위해 반공주의와 권위주의를 활용했다.

자신만이 고대 로마 제국의 영
광을 재현할 수 있는 영웅이라
는 점을 부각시키면서 국민의
광신적인 숭배를 강요했습니
다. 사실 '로마 제국 부활'이라
는 주장은 실현 가능성이 없는
뜬구름 같은 소리에 지나지 않
았지만, 오랜 기간 패배감에 젖
어 살던 평범한 이탈리아 국민
들에게 무솔리니는 이탈리아

폭력을 통해 권력을 유지했던 무솔리니

를 구원해 줄 구세주와 같은 존재로 여겨졌습니다.

　신문사에 종사한 경험이 있는 무솔리니는 누구보다도 언론의 힘을
잘 알고 있었습니다. 그는 자신에게 호의적인 언론인에게 돈다발을
안겨 주며 국민들을 호도하는 기사를 내보내도록 독려하는 한편, 자
신에게 부정적인 언론에는 가차 없이 테러를 가해 재갈을 물렸습니
다. 또한 흉악한 범죄자를 행동대장으로 특별 채용해 공포 분위기를
조성하며 그 누구도 자신에게 대항하지 못하도록 만들었습니다. 마
침내 국가권력을 완전히 장악한 무솔리니는 절대권력을 휘두르며 과
거 로마 황제와 같은 막강한 위상을 확립했습니다.

제2차 세계대전의 시작

1930년대 무솔리니와 히틀러는 유럽의 대표적인 독재자로 악명을 떨쳤습니다. 1922년 유럽에서 가장 먼저 전체주의 국가를 탄생시킨 무솔리니는 10년 후에나 등장한 히틀러를 한 수 아래로 평가했습니다. 무솔리니는 자신을 위대한 사상가라고 생각했기 때문에, 실업계 고등학교를 겨우 졸업하고 군대에서 중사로 예편*한 히틀러를 말만 그럴싸하게 하는 허풍쟁이로 여겼습니다. 히틀러 역시 1933년 수상에 오르기 전까지만 해도 자신의 집무실에 무솔리니의 반신상을 놓아 둘 정도로 무솔리니를 존경의 대상으로 여겼습니다. 또한 무솔리니가 권력을 장악하는 과정을 면밀히 연구해 많은 부분을 그대로 모방했습니다.

히틀러와 손잡은 무솔리니

1939년 5월 히틀러는 무솔리니와 강철조약을 맺고 전 세계를 함께 정복하기로 약속했습니다. 무솔리니와 동맹조약을 맺은 히틀러는 공산주의 종주국 소련과도 불가침조약을 추진했습니다. 제1차 세계대전 당시 독일에서

---

* 군인이 현역에서 예비역으로 편입함.

소련과 불가침조약을 맺은
나치 독일

전투가 벌어지던 지역은 두 군데로 나뉘어 있었습니다. 영국-프랑스
와 맞선 서부전선과 제정 러시아와 맞선 동부전선으로 전투 지역이
나뉘어 독일은 무척 어려움을 겪었습니다. 히틀러는 과거와 같은 실
패를 반복하지 않기 위해 먼저 소련과 불가침조약을 맺은 후에 영국
과 프랑스를 손보려고 했습니다.

영국과 프랑스는 독일이 공산주의 종주국 소련과 손을 잡을 것이
라고는 전혀 생각지도 못하고 있었습니다. 평소 극우주의자였던 히
틀러는 독일 내 공산주의자를 모조리 색출해 숙청했을 정도로 공산
주의를 혐오했습니다. 소련의 스탈린도 나치 독일을 싫어하기는 마
찬가지였습니다. 나치 독일이 소련의 지령을 받고 움직이던 공산주
의자를 모두 처형하는 바람에 독일 공산당 세력의 씨가 말라 버렸기
때문입니다. 하지만 당시 소련 국력으로는 독일과 맞설 수 없는 상태
였기에, 스탈린은 군수 산업을 대거 육성해 힘을 키울 때까지 독일과

병력을 총동원해 폴란드를 정복한 독일군

의 전쟁을 피하려고 했습니다.

1939년 8월 23일 드디어 히틀러와 스탈린 사이에 '독소불가침조약'이 체결되었습니다. 양국은 향후 10년 동안 서로에게 총부리를 겨누지 않기로 하고, 약소국가 폴란드를 함께 침공하기로 약속했습니다.

같은 해 9월 1일 독일군이 최신형 전차와 잘 훈련된 군대를 앞세워 폴란드 국경을 넘으면서 제2차 세계대전이 시작되었습니다. 당시 폴란드는 100만 명이 훨씬 넘는 군대를 보유하고 있었지만 군대의 모든 것은 완전히 구식이었습니다.

폴란드 군대는 목숨을 아끼지 않고 전투에 임했지만 강력한 화력

폴란드의 수도 바르샤바를 공격하는 독일군

을 앞세운 독일군의 적수가 되지 못하고 엄청난 희생자를 내고는 항복을 선언했습니다. 독일군이 폴란드군을 상대로 격전을 벌일 때, 동쪽에서는 소련 스탈린의 군대가 폴란드 영토를 침범했습니다. 사실 소련과 폴란드는 같은 슬라브족으로 구성된 나라이지만 사이가 좋지 않았습니다. 소련의 종교는 그리스 정교인 데 반해 폴란드는 가톨릭을 신봉했기 때문입니다.

폴란드군 대부분이 서부전선에 투입되어 독일군과 맞서는 사이에 소련군은 별다른 전투 없이 폴란드 땅의 반을 차지하는 행운을 얻었습니다. 히틀러는 총 한 번 제대로 쏘지 않고 폴란드 영토의 절반을 차지한 소련을 증오했습니다. 그는 측근들에게 "날도둑 같은 소련 놈

독일 공군의 폭격으로 파괴된 폴란드

대전차총으로 무장했으나
독일군에게 열세였던
폴란드 기병

들"이라 말하며 소련에 대한 적대감을 드러냈습니다.

한편, 독일의 폴란드 침공에 깜짝 놀란 프랑스는 독일에 선전포고를 하며 엄포를 놓았습니다. 하지만 독일이 폴란드를 완전히 점령한 10월 6일까지 프랑스는 독일에 대한 적극적인 대응을 하지 않았습니다. 이는 히틀러에게 무한한 자신감을 심어 주었습니다.

독일의 전격전

독일군이 폴란드를 침략한 지 한 달 만에 전쟁을 마무리 짓자, 이탈리아의 수상 무솔리니는 큰 충격을 받았습니다. 당시 이탈리아는 독일과 동맹관계였지만 무솔리니는 독일군의 폴란드 침공에 참여하지 않고 눈치만 보고 있었습니다. 독일군의 전력이 시원치 않으면 즉각 동맹을 해체할 생각이었기 때문입니다. 사실 이탈리아는 제1차 세계대전 때도 독일 편에 섰다가 전세가 불리해지자 연합국 측에 붙은 전력이 있었습니다. 그래서 히틀러는 무솔리니뿐만 아니라 이탈리아인 자체를 신뢰하지 않았습니다.

히틀러는 폴란드에 이어 프랑스를 침략하기 전에 무솔리니에게 전쟁에 동참해 줄 것을 요청했지만, 무솔리니는 이번에도 여러 핑계를 대며 선뜻 응하지 않았습니다. 사실 이탈리아군은 전쟁에 나설 처지가 아니었습니다. 무솔리니는 이탈리아 육군 사단* 수가 73개여서 영국군 34개 사단의 두 배 이상 된다며 허풍을 떨었지만, 이 말은 기만책에 지나지 않았습니다.

영국군은 4개 연대가 모여 1개의 사단을 이루었지만 이탈리아군은 2개 연대가 모여 1개의 사단을 이루었고, 1개의 연대에 속한 군인 수도 영국의 70% 수준에 불과했습니다. 게다가 부정부패로 얼룩진 이탈리아군 수뇌부는 군수업체에서 막대한 뇌물을 받고 불량 군수품으로 군대를 무장했습니다. 이탈리아군 탱크는 총알이 관통할 정도로 얇은 철판으로 만들어졌고, 대포발사용 포탄에는 화약이 적게 포함되어 있어 화력이 형편없었습니다. 이외에도 격발이 되지 않는 총기류가 넘쳐났고, 군화는 신은 지 얼마 되지 않아 밑창이 떨어졌습니다. 이런 불량 군수품과 오합지졸의 군대로 전쟁에 나설 수 없었던 무솔리니는 온갖 핑계를 대며 참전을 차일피일 미루었습니다.

이탈리아가 프랑스 침공에 머뭇거리자, 히틀러는 독일군 단독으로 프랑스를 공격하기로 결정했습니다. 독일군의 공격을 예상한 프랑스군은 마지노선에서 독일군과의 일전을 준비하고 있었습니다. 프랑스군은 독일군이 침략해 오더라도 세계 최강의 마지노선을 넘을 수 없을 것이라는 안도감 속에 있었습니다. 하지만 1940년 5월 10일 히틀

---

* 군대 편성 단위의 하나. 군단(軍團)의 아래, 연대(聯隊) 또는 여단(旅團)의 위이다. 여러 병과(兵科)가 모여 있으며 이를 지휘하는 사령부가 있어 어느 정도 독립적인 작전을 수행할 수 있다.

아르덴 숲을 돌파하는
독일군

러는 예상을 깨고 마지노선 끝자락에 위치한 벨기에의 아르덴_{Ardennes}
고원으로 쳐들어갔습니다. 독일군이 벨기에 아르덴 숲을 지나 프랑
스 영토에 모습을 드러내자 프랑스군은 크게 당황했습니다.

아르덴 고원은 숲이 울창하고 지형이 매우 험준해 군대가 절대로
통과할 수 없는 지역이라고 여겨져 왔습니다. 프랑스 장군들이 하나
같이 입을 모아 "이 세상에서 아르덴 숲을 통과할 수 있는 군대는 없
다."라고 말할 정도로 그곳은 산세가 험한 지역이었습니다. 하지만
히틀러는 아르덴 숲에 독일제 최신장비로 무장한 최정예 공병대를
보내 나무를 잘라 내고 길을 만들었습니다. 나무가 빼곡한 숲 속으로
전차와 트럭이 지나다닐 수 있는 길이 삽시간에 생겨났고, 수십만 명
의 독일군이 순식간에 아르덴 숲을 돌파했습니다.

독일군은 세계 최강 프랑스 육군을 맞아 새로운 전술을 선보였습

전차의 위력과 기동력을 바탕으로 한 전격전

니다. 제1차 세계대전 때까지만 해도 군인들은 참호를 파고 끊임없이 소모전을 벌였지만, 제2차 세계대전에서 전차를 앞세운 히틀러는 전격전*을 통해 빠른 시간 안에 전쟁의 승패를 가르고자 했습니다. 독일군은 전차를 앞세운 기계화 사단과 폭격기를 동시 가동해 적군을 공격하며 엄청나게 빠른 속도로 진군했습니다. 당시만 해도 전차는 보병을 지원하는 보조수단으로 여겨져 별다른 주목을 받지 못했습니다. 하지만 히틀러는 전차가 가진 막강한 위력에 주목해 전차 중심으로 운영되는 기계화 사단을 창설하여 공격전술의 새로운 장을 열었습니다.

* 적의 저항을 급속히 분쇄함으로써 전쟁을 빨리 끝내기 위해 기동과 기습을 최대한 활용하는 싸움. 흔히 기계화 부대와 공군력에 의한 급격한 진공 작전을 가리키는 것으로, 제2차 세계대전 초기 독일군의 작전에서 유래했다.

프랑스군 탱크를
파괴한
슈투카 폭격기

　또한 독일 공군의 급강하 폭격기 슈투카Stuka는 독일군을 막으려는
프랑스 전차를 정확히 타격해 모조리 박살냈습니다. 프랑스 보병이
쏘아 대는 총알은 독일군 전차에 아무런 타격을 주지 못했습니다. 육
군 수가 400만 명에 이르러 세계 최강이라고 자평하던 프랑스 육군은
독일군의 전격전 앞에 힘 한 번 제대로 쓰지 못하고 속절없이 무너졌
습니다. 프랑스군은 마지노선을 건설하는 데 너무 많은 예산을 쏟아
부은 탓에 막상 전투기나 전차 같은 무기를 만들 여력이 없었습니다.

　프랑스군 수뇌부는 마지노선이라는 세계 최대의 요새에 들어앉아
독일의 독가스 살포에 대비해 방독면을 쓰고 있었을 정도로 전술 변
화에 둔감했습니다. 제1차 세계대전 참전 용사 출신이었던 히틀러는
영국군의 독가스 살포로 실명 위기에 처한 경험이 있어 독가스 살포

독일군에 힘 한 번 써 보지 못한 채 패배한 프랑스군

에 대해 혐오감을 가지고 있었습니다. 그는 진정한 군인이라면 참호 속에 쪼그리고 앉아 싸울 것이 아니라, 적진을 향해 거침없이 돌진해야 한다고 믿었습니다.

한편, 프랑스군을 상대로 연전연승을 거두는 독일의 상황을 지켜보던 무솔리니는 1940년 6월 참전을 선언하고, 30만 명의 이탈리아 군인에게 프랑스 남부로 진격할 것을 명령했습니다. 프랑스군은 북쪽에서는 독일군의 위세에 눌려 힘을 쓰지 못했지만, 남쪽에서 침략한 오합지졸의 이탈리아군을 맞아서는 압도적인 전투력을 과시했습니다.

수십만 명에 이르는 이탈리아 병사는 제대로 한 번 싸우지도 못하

독일군에게 잡힌 프랑스군 포로들

고 프랑스군의 공격에 떼죽음을 당했습니다. 얼마 후 전투의지를 상실한 이탈리아 군인은 무기를 버리고 줄행랑을 쳐 웃음거리가 되었습니다. 내친김에 프랑스 군대는 이탈리아 영토 깊숙이 진군했습니다. 로마가 점령당할 위기에 처하자 히틀러는 군대를 보내 무솔리니를 구해 주었습니다. 공포에 떨고 있던 무솔리니는 독일군이 로마에 들어오고 나서야 비로소 안도의 한숨을 쉴 수 있었습니다.

  프랑스 공격에 실패한 무솔리니는 북아프리카, 그리스 등 이곳저곳을 침략했지만 다니는 곳마다 패전을 거듭하며 국제적인 망신을 샀습니다. 그리스를 침공한 이탈리아 군대는 민간인들로 급조된 그리스 민병대에도 크게 패해 몰살 위기에 놓였습니다. 이때도 히틀러는 독일군을 보내 무솔리니의 군대를 구출해야 했습니다.

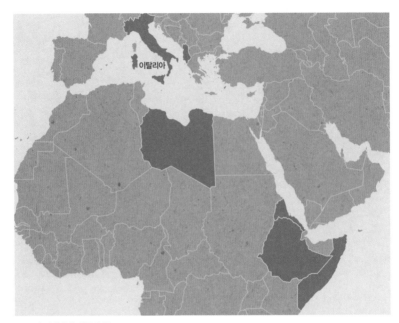

1940년 이탈리아 제국의 영토

실전에서는 연전연패를 면치 못한 이탈리아군

독일의 유일한 동맹국이었던 이탈리아는 전쟁 수행에 도움이 되기는커녕 걸림돌로 작용하며 히틀러의 머리를 아프게 했습니다. 그런데도 무솔리니는 히틀러를 만난 자리에서 앞으로 독일이 점령하게 될 영토의 일부를 달라고 요구해 그 자리에서 히틀러에게 한소리를 듣기도 했습니다. 더구나 무솔리니에게 작전계획을 알려주면 머지않아 영국으로 정보가 새어 나가, 히틀러는 무솔리니를 더욱 신뢰할 수 없게 되었습니다. 히틀러가 측근들에게 "영국에 알려 줄 일이 생기면 무솔리니에게 이야기하면 된다."라고 말했을 정도로 프랑스 침공 당시 독일의 동맹국 이탈리아는 형편없는 지도자를 둔 나라였습니다.

프랑스에 들어선 친독 비시정부

독일군이 마지노선을 우회해 프랑스 전역을 파죽지세로 정복해 나갔지만, 프랑스군은 마지노선에 숨어 나올 생각을 하지 않았습니다. 독일군의 압도적인 전격전에 놀란 프랑스군 수뇌부는 맞설 용기를 잃고 항복할 구실만 찾기 시작했습니다. 샤를 드골Charles De Gaulle 같은 젊은 장군들은 최후의 1인까지 맞서 싸우자고 주장했지만, 군 수뇌부의 주류를 이루는 나이 많은 장군들은 싸울 의사가 전혀 없었습니다.

프랑스군 총사령은 제1차 세계대전의 영웅으로 추앙을 받으며 '프랑스의 원수元帥'라는 칭호를 얻은 앙리 필립 페탱Henri Philippe Petain이었습니다. 당시 84세였던 그는 치매 증상을 보일 정도로 건강이 좋지 않았습니다. 싸우기에는 이미 너무 늙어 버린 페탱은 독일에 두 손

독일과의 결사항전을 주장한 드골 장군

드는 것을 최선으로 생각하고 항복하기로 결심했습니다.

하지만 젊고 용기 있는 장군들은 항복을 결사반대했습니다. 그들은 프랑스에는 400만 명 이상의 잘 훈련된 군사가 있고 무기가 충분한 데도 불구하고 제대로 싸워보지도 않고 항복하는 것은 역사에 치욕이 될 것이라고 강력히 주장했지만 그들의 의견은 받아들여지지 않았습니다.

제대로 싸우지도 않고 항복을 선택한 페탱 장군

1940년 6월 17일 페탱은 국민들에게 "프랑스 젊은이들의 추가적인 희생을 막고, 전쟁이 계속

프랑스 열차에서
항복을 받고
득의양양한 히틀러

될 경우 프랑스 전역에 있는 문화재가 파괴될 수 있기 때문에 소중한
인류 문화유산을 지키기 위해 독일군에 무조건 항복을 해야 한다."라
고 말했습니다.

　같은 해 6월 22일 파리에 도착한 히틀러는 프랑스 국민에게 수치
를 안겨 줄 장면을 의도적으로 연출했습니다. 과거 제1차 세계대전
에서 패한 독일은 프랑스의 열차에서 항복을 선언하고 휴전협정을
체결한 바 있었습니다. 프랑스 정부는 독일의 항복을 받아 냈던 열차
를 박물관에 잘 보존해 놓고 그동안 국민들에게 자랑거리로 내세워
왔습니다. 히틀러는 그 열차를 박물관에서 가져오게 했습니다. 그러
고는 그곳에서 프랑스 대표단의 항복을 받아 내 지난 시절 독일이 당
한 치욕을 그대로 되돌려 주었습니다.

　히틀러 앞에서 고개를 숙인 채 굴복하는 프랑스 지도자들을 보면서

에펠탑 앞에서
기념촬영을 한 히틀러

독일군이 파리를 점령하자 피난을 떠나는 프랑스인들

독일인들은 이루 말할 수 없는 승리감에 도취되었습니다. 히틀러는 프랑스 지도부가 항복을 선언한 열차를 베를린으로 가져와 국민들에게 공개했습니다. 마지노선 요새 안에 숨어 있던 프랑스군은 프랑스 정부가 항복을 선언한 후에야 밖으로 쏟아져 나왔습니다. 이후 마지노선은 세상에서 가장 바보 같은 방어전술로 전쟁사에 남았습니다.

히틀러는 독일 군대 투입을 최소한으로 하기 위해 프랑스 전역에 부분적인 통치권을 인정해 주었습니다. 독일과 국경을 맞댄 북부 지역은 독일이 직접 다스렸으나, 국토의 5분의 2에 해당하는 남부 지역은 프랑스 정부가 독일의 명령에 절대복종하는 조건으로 최소한의 자치권을 누릴 수 있도록 했습니다. 권력욕이 남아 있었던 페탱은 남

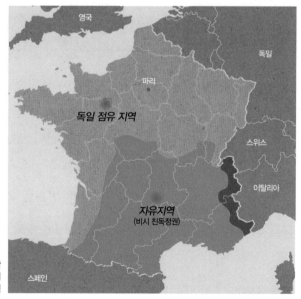

독일이 직접 통치한 지역과 비시정권이 다스린 지역

독립을 위해 총을 든 레지스탕스

부의 작은 도시 비시Vichy에 친독 정권을 세우고 국가수반이 되어 독일에 적극적으로 협조하기 시작했습니다. 지명을 딴 페탱의 비시정부는 히틀러의 충실한 조력자가 되어 독일을 위해 헌신했습니다.

히틀러는 말 잘 듣는 페탱에게 막강한 권한을 몰아주며 힘을 실어 주었습니다. 페탱은 행정권뿐 아니라 입법권마저 가져가 사법권을 제외한 전권을 행사했습니다. 그는 자치 지역 내에서 막강한 권력을 행사했습니다. 하루 1억 달러에 달하는 엄청난 금액을 독일군의 주둔비용으로 제공했으며, 독일군에 맞서 독립을 부르짖으며 봉기를 일으킨 레지스탕스résistance*를 색출해 독일군에 넘겼습니다.

또한 유대인의 멸절을 위해 프랑스 내 유대인을 넘기라는 히틀러의 명령에 순순히 따랐습니다. 비시정권에 의해 체포된 수많은 유대인은 아우슈비츠 수용소로 끌려가 처참한 죽음을 맞이했습니다. 비시정권의 추태는 이뿐만이 아니었습니다. 영국과 함께 연합군을 구성했던 프랑스는 이제 독일 편에 붙어서 영국에 총부리를 들이대기

---

* 제2차 세계대전 당시 나치 독일의 무력정복에 대항하여 프랑스에서 일어난 지하저항단체.

시작했습니다. 프랑스 전역에 있는 공장은 독일군을 위한 무기를 대량으로 생산했고, 독일군에 복속된 프랑스군은 북아프리카 등지에서 연합군에 맞서 싸웠습니다.

　독일이 조종하는 대로 움직였던 비시정권의 통치 기간은 그다지 길지 않았습니다. 1942년 11월 히틀러가 전격적으로 비시정부 관할 지역까지 점령했기 때문입니다. 그동안 히틀러의 행동대장 노릇을 하던 페탱은 자리에서 쫓겨난 후 독일로 끌려가는 수모를 겪었습니다. 독일에 억류된 페탱은 히틀러에게 끊임없이 편지를 보내 목숨을 구걸하며 프랑스로 돌려보내 달라고 부탁했습니다. 하지만 히틀러는 편지를 읽어 보지도 않았으며, 페탱은 전쟁이 끝난 후에야 비로소 조국으로 돌아갈 수 있었습니다.

히틀러에게 무시당한 무솔리니

　독일이 프랑스를 완전히 점령하자, 무솔리니는 이탈리아 군대가 프랑스군에 참패했음에도 지도자로서의 품위를 유지하기 위해 프랑스 영토 일부를 달라고 히틀러를 졸랐습니다. 이에 히틀러는 지중해 통제권과 이탈리아와 국경을 맞댄 프랑스 산악지역 일부를 이탈리아에 넘겨주었습니다. 이 사실에 대해 무솔리니는 언론을 동원해 대대적인 과장 홍보를 했습니다. 언론의 보도를 그대로 믿은 이탈리아 국민은 마치 자기 나라가 군인들의 불굴의 전투로 프랑스를 누른 승전국인 양 착각했습니다. 평소에도 우유부단하던 무솔리니가 일국의 지도자로서 품격이 떨어지는 행동을 하자, 히틀러는 그를 무시하며 부하를 다루듯이 대했습니다.

용감한 영국 사람들

프랑스를 공격하기 시작할 당시 사실 히틀러에게는 승전에 대한 확신이 없었습니다. 제1차 세계대전을 몸소 경험하면서 프랑스군이 강하다는 것을 누구보다 잘 알고 있었기 때문입니다. 그러나 1940년대 독일군에 맞선 프랑스군은 그가 예전에 알던 용맹했던 프랑스군과는 거리가 멀었습니다. 특히 프랑스 장군들은 마지노선에 들어앉아 나올 생각조차 하지 않았습니다. 그들은 전쟁 중에도 고급 와인을 즐겨 마시는 등 장병들에게 귀감이 되지 못했습니다. 모범을 보여야 할 군 수뇌부가 한심한 작태나 보이고 있으니 프랑스군은 자멸의 길로 들어서지 않을 수 없었습니다.

프랑스를 점령한 후, 히틀러는 하루 3,000대 이상의 폭격기를 동원해 매일같이 바다 건너 영국의 모든 도시에 폭탄을 쏟아부었습니다.

독일과의 결사항전을 선택한 윈스턴 처칠

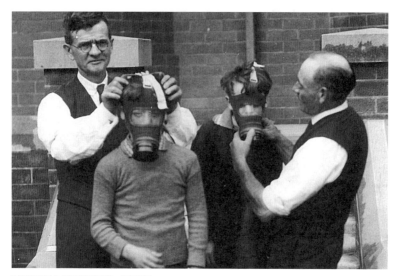
독일의 독가스 공격에 대비하는 영국인들

그런데 섬나라 영국은 프랑스와 달리 모두가 똘똘 뭉쳐 나치 독일에 맞섰습니다. 당시 영국 수상이었던 윈스턴 처칠Winston Churchill은 대국민 연설에서 "우리는 해변에서, 들판에서, 거리에서, 언덕에서 싸울 것입니다. 결코 항복하지 않을 것입니다."라고 외치며 영국 국민에게 단합할 것을 호소했습니다.

영국인들은 처칠을 중심으로 일사불란하게 전쟁을 수행해 나갔습니다. 영국 최고의 인재라 불리는 케임브리지대와 옥스퍼드대 출신들은 앞다투어 자원입대하여 장교로 전쟁에 앞장섰습니다. 이들은 뛰어난 판단력을 필요로 하는 전투기 조종사가 되어 독일 공군기와 맞서 싸웠습니다. 이 과정에서 무수히 많은 젊은 인재가 목숨을 잃었지만, 독일 사람들과 히틀러에게 영국의 저력이 무엇인지를 명확히

영국 최고의 엘리트로 구성된 영국 공군

보여 주었습니다.

독일 역시 최고의 인재를 끌어모아 전투기 조종사를 대거 양성했지만, 구조적으로 영국 공군을 넘어설 수는 없었습니다. 독일 영토가 된 프랑스에서 출격한 독일 공군기는 바다 건너 영국 창공에서 연료 부족으로 오랫동안 머무를 수 없었습니다. 당시 항공기 제작 기술의 한계로 인해 기껏해야 30분 정도 영국 하늘에서 작전을 펼칠 수 있었습니다. 공중전이 조금이라도 길어지면 독일 전투기 조종사들은 기지로 귀환하지 못하고 바다로 추락할 수밖에 없었습니다.

영국 상공에서 양국 전투기가 치열한 공중전을 벌이다가 문제가 생겨 공중탈출을 하게 될 경우, 영국 조종사는 곧바로 전장에 재투입할 수 있었지만 독일 조종사는 포로가 되어 다시는 전투에 참여할 수

독일 상공에서 폭탄을 쏟아부은 영국 공군

없었습니다. 비행기는 얼마든지 만들 수 있었으나 베테랑 조종사 육성에는 엄청난 시간이 필요했기 때문에, 시간이 흐를수록 전세는 독일 공군에 불리해졌습니다. 프랑스 침공의 선봉에 서서 숱한 전과를 올렸던 독일 최고의 파일럿들은 영국 상공에서 하나둘씩 쓰러져 무려 1,000여 명이나 사라지고 말았습니다.

게다가 영국의 엔지니어들이 레이더 개발에 성공하면서, 영국은 독일 공군기의 움직임을 손바닥 보듯 알 수 있게 되어 공중전에서 절대적으로 유리했습니다. 결국 독일 공군은 궤멸 직전까지 몰렸고, 인류 역사상 최대 항공전은 영국 공군의 승리로 막을 내렸습니다. 그동안 불패의 신화를 이룩했던 히틀러는 처음으로 패전의 쓴맛을 보아야 했습니다.

영국 공군의 승리는 전쟁의 양상에 많은 변화를 불러왔습니다. 영국 공군이 독일 본토에 공중폭격을 실시할 수 있게 되면서 독일 국민들은 비로소 자신들도 안전하지 않다는 사실을 깨닫게 되었습니다. 이때부터 히틀러는 매우 신경질적으로 변해 갔습니다. 당시 영국에 살던 부유한 유대인들은 적극적으로 영국 정부에 돈을 대며 적지 않은 기여를 했는데, 이것이 히틀러를 더욱 화나게 했습니다. 히틀러는 영국 수상 처칠을 "유대인에게 조종당하는 주정뱅이"라고 비난하면서 독일 점령 지역에 있던 유대인에게 화풀이를 하기 시작했습니다.

소련으로 진군한 독일 군대

1941년 서유럽에서 독일의 지배를 받지 않은 곳은 영국이 유일했지만, 히틀러는 영국을 침략할 수 있는 뾰족한 방법을 찾지 못했습니다. 다른 나라를 점령하려면 결국 육군이 상륙해야 하는데, 세계 최강 영국 해군이 대서양을 장악하고 있는 상황에서 취약하기 그지없는 독일 해군으로 할 수 있는 일은 별로 없었습니다. 더구나 그동안 공중전으로 공군력까지 약화된 독일은 계속 영국만을 바라보고 있을 수 없었습니다.

결국 히틀러는 영국 정복의 야욕을 잠시 접고 소련 침략의 길로 들어섰습니다. 사실 히틀러는 오래전부터 소련 침략을 마음속에 담고 있었습니다. 원래 히틀러의 계획은 유럽을 모조리 점령하고 나서 1943년 무렵 소련을 공격하는 것이었습니다. 그러나 예상외로 강하게 나오는 영국의 반격에 한걸음 물러나면서, 전쟁 초기 독일 덕택에 어부지리로 폴란드를 차지한 소련이 알미운 것도 한몫해 계획보다

빨리 소련을 침략하게 되었습니다.

지독한 인종주의자였던 히틀러는 좁은 독일 영토에 8,000만 명 넘는 게르만족이 오밀조밀 살아가는 모습에 안타까움을 느껴, 소련을 정복해 게르만족에게 넓은 생활공간을 제공하겠다는 포부를 가지고 있었습니다. 당시 지구 육지 면적의 4분의 1을 차지한 소련만 점령하면 독일은 유럽에서 아시아에 이르는 세계 최대 영토를 가질 수 있었습니다. 히틀러는 소련 땅에 독일인을 대규모로 이주시킨 후 슬라브족인 소련 사람을 노예로 부려, 게르만족 모두가 호사스러운 삶을 살수 있도록 하고자 했습니다.

또한 자원빈국이었던 독일이 전쟁을 지속하기 위해서는 식량과 석

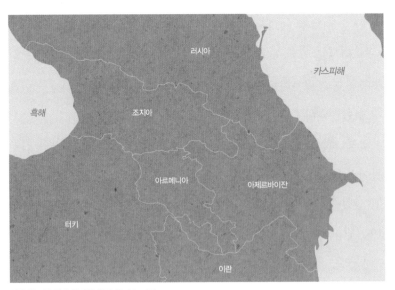

석유 확보를 위해 꼭 필요했던 캅카스 지역

소련을 침공한 독일군

유를 안정적으로 확보해야 했습니다. 특히 석유는 제2차 세계대전을 치르기 위해 반드시 필요한 자원이었습니다. 독일이 자랑하는 전차와 슈투카 폭격기, 군용 트럭은 석유 없이는 단 한 발짝도 움직일 수 없었습니다.

하지만 세계 최강 영국 해군이 대서양을 장악하고 있는 탓에 독일은 중동에서 석유를 배로 들여올 수 없는 상태였습니다. 이와 같은 상황을 헤쳐 나가는 유일한 방법은 엄청난 석유가 매장된 소련의 남부 캅카스Kavkaz 지역을 차지하는 것이었습니다. 소련에는 석유뿐 아니라 곡물도 풍부했습니다. 특히 우크라이나는 토양이 비옥해 예로부터 세계적인 곡창지대였습니다. 그러니 히틀러에게 소련은 보물 상자나 다름없는 지역이었습니다. 호시탐탐 기회를 노리던 그는 1941년부터 본격적인 침공 작전에 돌입했습니다.

히틀러는 소련을 침공하기 위해 300만 명 넘는 정예 독일군을 동부전선으로 이동시켰습니다. 독일에 있던 대부분의 기차가 동원되어 동부전선으로 물자와 병력을 실어 날라야 했을 정도로 초대형 규모의 작전이 진행되었습니다. 독일 내에서 활동하는 소련의 수많은 스파이가 독일군의 동부전선 이동 상황을 스탈린에게 보고하며 독일군의 침략을 경고했지만, 스탈린은 이런 경고를 무시했습니다. 소련과 독일이 상호불가침조약을 맺은 지 2년밖에 되지 않은 시점이었기 때문에 히틀러가 섣불리 움직일 리 없다고 판단했기 때문입니다.

1941년 6월 22일 새벽 300만 명의 독일군은 100개의 사단으로 편제되어 전차 3,300대, 대포 7,000문, 항공기 3,000대와 함께 소련 영토로 진격하기 시작했습니다. 독일군은 3개의 집단군으로 나뉘어 레닌그라드, 모스크바, 우크라이나를 목표로 진군했습니다. 얼마 후 이탈리아의 무솔리니도 독일군의 소련 침공에 동참하기 위해 30만 명 넘

개전 초기 독일군의 막강한 화력에 밀려 떼죽음을 면치 못한 소련군

는 이탈리아군을 파병했지만 대부분의 군인이 전사하고 말았습니다.

독일과의 항전에 나선 스탈린

독일군의 침공을 전혀 예상하지 못한 소련군은 처음에 속수무책으로 당할 수밖에 없었습니다. 전쟁 시작 첫날에만 1,200대 넘는 소련 전투기가 독일 공군기에 의해 파괴되었지만 스탈린은 신속한 대응책을 내놓지 않은 채 좀 더 지켜보기로 했습니다. 독일과 적대관계였던 영국이 소련을 전쟁에 끌어들이기 위해 유언비어를 퍼트리고 있다고 의심하고 있었기 때문입니다.

독일군의 침략을 막기 위해 완전무장하고 나선 소련군은 스탈린의 대기명령에 따라 꼼짝도 못한 채 그대로 몰살당했습니다. 독일 폭격기들이 소련 공군 비행장에 나타나 폭탄을 떨어뜨리며 전투기를 파괴할 때도 스탈린의 '전투금지' 명령에 발이 묶인 소련 최정예 조종사들은 전투기를 띄우지 못한 채 독일 공군의 폭탄에 떼죽음을 당했습니다. 수천 대의 전투기가 파괴되고 수만 명이 죽은 후에야 스탈린은 독일군의 침공을 인정했습니다.

상황이 급해지자 개까지 전쟁에 동원한 소련

그렇지만 소련은 전쟁 초반에 독일군을 막을 대책조차 제대로 세울 수 없었습니다. 1930년대 내내 스탈린은 자국민을 상대로 무자비한 숙청을 단행하며 국민들을 극한의 공포 속에 몰아넣었습니다. 군 고위간부·지식인·정치인 등 자신의 영구집권에 걸림돌이 될 수 있는 200만 명 이상의 인물을 제거하는 바람에 나라의 인재들이 대거 사라졌습니다. 이 과정에서 소련군 엘리트 장교 대부분도 스탈린의 손에 의해 학살을 당했고, 이로 인해 독일의 침공을 확인하고도 스탈린은 한동안 대응책을 내놓을 수 없었습니다.

상황이 이렇다 보니 독일군을 막기 위해 무작정 덤벼드는 과정에서 무수히 많은 소련군이 희생되었습니다. 전쟁 초기 밀려드는 독일군의 공격에 대항하여 벌인 가장 성공적인 작전은 개를 이용한 공격 정도였습니다. 소련군은 막강한 독일 전차를 파괴하기 위해 며칠 동안 굶긴 개로 하여금 전차 아래 달아 놓은 맛있는 음식을 먹도록 훈

런시켰습니다. 이 같은 훈련을 몇 번만 반복하면 전차 밑에는 항상 맛있는 음식이 있다는 기대를 하게 되는 동물의 조건반사*를 이용한 것입니다.

소련군은 등에 원격조정 폭탄을 설치한 개와 함께 독일 전차가 지나가기를 기다리고 있다가 전차가 나타나면 개를 풀어 독일군 전차 밑으로 달려들도록 했습니다. 개가 전차 밑으로 들어가면 원격조정 폭탄을 터트려 독일군의 전차를 폭파시켰습니다. 이것은 전형적인 동물 학대였지만 다급한 소련군에게는 독일 전차를 막을 수 있는 유일한 수단이었습니다.

지옥의 스탈린그라드

최정예 독일군에 맞서 소련군이 패배를 거듭하는 가운데 독일군이 계속 진군해 오자, 스탈린은 모스크바를 버리고 동쪽으로 2,500킬로미터 이상 떨어져 있는 우랄산맥으로 달아났습니다. 그는 도망치면서 모스크바 인근에 있던 군수공장 설비도 함께 가지고 가서 무기 생산을 지속했습니다.

우랄산맥으로 피난을 떠난 소련 국민들은 군수공장에 강제 배정되어 무기 생산에 동원되었습니다. 유난히 추웠던 1941년 겨울, 노동자

---

* 동물이 환경에 적응하기 위하여 후천적으로 획득하는 반사. 개에게 밥을 줄 때마다 방울을 울리면, 나중에는 방울만 울려도 개가 침을 흘리게 되는 현상을 말한다.

전쟁물자 생산에 박차를 가한 스탈린

들은 영하 30도 넘는 추위 속에 난방도 되지 않는 공장에서 제대로 먹지도 쉬지도 못하면서 군수품을 만들어야 했습니다. 이 과정에서 많은 수의 노동자가 과로와 영양실조로 죽음을 맞이했지만, 이들 덕분에 소련의 무기 생산량은 이전에 비해 10배 이상 늘어났습니다. 공장에서 전차와 전투기가 쏟아져 나오면서 소련도 독일군에 맞설 수 있는 힘을 갖추기 시작했습니다.

1942년 8월 소련의 볼가Volga강 서안에 있는 도시 스탈린그라드Stalingrad에서 양국의 운명을 건 한판 대결이 벌어졌습니다. 오늘날 볼고그라드Volgograd의 옛 이름인 스탈린그라드는 당시 소련 최대의 산업도시로, 공업생산의 대부분을 담당하고 있었습니다. 또한 스탈린그라드를 지나는 볼가강은 내륙 수상 운송의 핵심지로서 각종 자원을 소

스탈린그라드를 초토화한 독일 공군

독일군의 폭격으로 폐허가 된 스탈린그라드

련 전역으로 손쉽게 운반하는 데 이용되었습니다.

파울루스Paulus 원수가 이끄는 50만 명의 독일군은 별다른 피해 없이 스탈린그라드에 도착했습니다. 독일군이 자랑하는 슈투카 폭격기가 하루 종일 출격해 스탈린그라드의 모든 공장을 파괴했습니다. 4주간 계속되는 공격으로 독일군은 승기를 잡으며 스탈린그라드의 소련군을 거의 궤멸시켰습니다.

그런데 독일군이 스탈린그라드를 초토화하는 동안 가을비가 내리면서 예상치 못한 문제가 발생했습니다. 당시 후진국에 지나지 않았던 소련은 독일과 달리 포장된 도로가 거의 없었습니다. 이 때문에 비가 내리면 땅이 온통 진흙으로 변해 이동이 쉽지 않았습니다. 1942년 역사상 유례를 찾기 힘들 정도로 많은 폭우가 내리면서 스탈린그라드는 온통 진흙투성이로 변했습니다. 이로 인해 트럭은 물론 전차조차 꼼짝할 수 없어 물자보급이 더뎌졌습니다.

독일에서 수천 킬로미터나 떨어진 스탈린그라드까지 물자를 실어나르는 것은 불가능에 가까운 일이었지만, 히틀러는 상황이 닥치기전까지 그 사실을 몰랐습니다. 더구나 스탈린은 국민들에게 피난을명령하면서 독일군이 이용할 수 있는 모든 건물과 식량을 불태우도록 지시했습니다. 이로 인해 독일군은 발을 내딛는 소련 땅 어디에서도 비바람을 피할 수 있는 곳을 찾을 수 없었고 식량도 구할 수 없었습니다.

무기와 식량보급이 원활하지 않자 독일군의 위력은 갈수록 약해졌습니다. 그 사이 스탈린은 소련 전역에서 젊은이들을 징집해 기차에 태워 스탈린그라드로 보냈습니다. 스탈린그라드에 도착한 젊은이들은 기초적인 군사훈련도 제대로 받지 못한 상태로 전장에 나갔습니다. 적지 않은 수의 소련군이 총기도 지급받지 못한 채 전쟁터에 투입되어 곧바로 독일군의 총알받이가 되었습니다.

스탈린그라드에 배치된 소련군의 평균 생존 기간이 24시간에 불과했을 정도로 전장은 끔찍함 그 자체였습니다. 젊은이들이 스탈린그라드를 피로 물들이며 지켜 내는 사이 소련군이 고대하던 겨울이 찾아왔습니다. 1942년 겨울은 20세기 들어 가장 추웠습니다. 영하 40도까지 내려가는 혹한의 날씨는 독일군을 무척 괴롭혔습니다.

독일이 소련을 침공할 당시 히틀러는 길어도 3개월 안에 전쟁이 끝날 것이라 예상해 월동 준비를 전혀 하지 않았습니다. 여름옷 차림의 독일 장병들은 영하 40도에 이르는 추위를 견딜 수 없었습니다. 당시로부터 100여 년 전 제정 러시아를 침공한 나폴레옹의 프랑스군이 추위와 굶주림으로 무너진 것처럼, 독일군 또한 살인적인 강추위로 죽어 나갔습니다.

독일군이 자랑하는 전차와 전투기는 추운 날씨에 꽁꽁 얼어붙어 제대로 가동할 수 없었고, 동상으로 걷지 못하는 병사가 속출했습니다. 동상 때문에 감각이 없어진 발가락을 쥐가 뜯어먹는 일이 빈발했을 정도로 사태가 악화되었습니다. 스탈린그라드 전투에서 한동안 독일군을 가장 괴롭힌 것은 혹독한 날씨였지만, 소련군의 재정비는 더 큰 위협으로 다가왔습니다.

소련의 반격

스탈린은 자신의 이름을 붙인 도시 스탈린그라드를 지키기 위해 소련 최고의 사령관 게오르기 주코프 Georgy Zhukov 원수를 전장에 투입했습니다. 냉철한 전략가였던 주코프는 독일군의 장단점을 철저히 연구해 소련이 승리하기 위한 방법은 무제한적 소모전밖에 없다는 결론을 내렸습니다. 독일은 인구와 부존자원*이 소련에 비해 부족하기 때문에 장기전으로 갈수록 불리할 수밖에 없었는데, 독일의 이런 취약점을 주코프가 제대로 간파했던 것입니다. 게다가 소련은 독일보다 인구가 두 배나 많았기 때문에 대규모 살육전을 벌인다면 소련이 최종 승자가 될 수 있다고 판단했습니다.

소련 최고의 명장이라 불리는 게오르기 주코프

이후 소련은 총을 들 수 있는 모든 남성을 징집하고 심지어 여성도 징병 대상으로

* 경제적 목적에 이용할 수 있는 지각 안의 지질학적 자원.

시가전으로 독일군을 괴롭힌 소련군

삼았습니다. 주코프는 독일이 주특기인 전차와 전투기를 동원한 전격전을 펼칠 수 없도록 시가전에 나섰습니다. 소련군이 무수히 많은 건물 곳곳에 숨어들어 독일군을 향해 밤낮으로 총을 쏘아 대자, 독일군은 더 이상 전격전을 실시할 수 없었습니다. 독일군은 소련군 한 명을 사살하기 위해 집집마다 방방마다 뒤져야 했는데, 그 과정에서 엄청난 인명피해가 발생했습니다. 비좁은 공간에서 벌어지는 시가전에서는 독일의 첨단무기가 제 성능을 다할 수 없었으며, 독일보다 군인 수가 많은 소련이 일방적으로 유리했습니다.

스탈린그라드 전투에서 소련은 역사상 최초로 여성을 전투병으로 투입했습니다. 100만 명에 달한 소련 여군은 일반적인 임무에 해당하는 의무병이나 행정병은 물론, 최전선에 나가 싸우는 전투병으로

저격병으로 활약한 소련 여군

도 맹활약을 펼쳤습니다. 전과를 올려 훈장을 받은 여군만 해도 10만 명이 넘었을 정도로 당시 전투에서 여군은 소련군의 핵심 전력이었습니다.

특히 소련 여군은 저격병으로 나서면서 독일군의 간담을 서늘하게 했습니다. 저격병은 적군을 단발에 사살하지 못하면 오히려 본인의 위치가 노출되어 목숨이 위태로워집니다. 이 때문에 저격병에게 고도의 집중력은 필수입니다. 여성이 남성에 비해 상대적으로 집중력이 높아 적을 저격하는 임무에 적합하다고 판단한 주코프는 여군을 대거 저격병으로 투입해 혁혁한 전과를 올렸습니다.

여군 저격병은 목숨을 걸고 독일군 기지로 잠입해, 군 장성 등 주로 고위 장교를 암살하며 독일군의 전력을 약화시켰습니다. 2,400명의 여성 저격병에 의해 목숨을 잃은 독일군의 수는 무려 1만 2,000여

위험한 임무를 감당한 소련 여군 조종사들

명에 이르렀습니다. 저격병과 더불어 여성 전투기 조종사 역시 큰 활약을 펼쳤습니다. 소련은 세계 최초로 여성 조종사만으로 이루어진 '588연대'를 구성해 독일 공군에 맞섰습니다.

여성 조종사들은 소련제 전투기인 야크Yak를 타고 독일 공군기와 맞서는 대담한 작전을 벌이기도 했습니다. '스탈린그라드의 백장미'로 불린 릴리야 리트비야크Lilya Litvyak는 최강의 독일 공군기를 12대나 격추시키며 세계 최초의 여성 탑건Top Gun*으로 이름을 알렸습니다. 릴리야로 인해 12명의 조종사를 잃은 독일 공군은 그녀를 격추시키는 사람에게 독일 최고의 훈장인 철십자훈장을 주겠다고 선언하며 릴리야 사냥에 나섰습니다.

---

* 공군 내에서 최고 기량을 갖춘 전투기 조종사를 일컫는 말.

스탈린그라드의 백장미로 불린 릴리야 리트비야크

1943년 8월 릴리야가 출격했다는 정보를 입수한 독일 공군은 8대의 전투기를 출격시켜 그녀를 집중 공격했습니다. 결국 릴리야는 비행기 폭발로 공중에서 명예롭게 산화하고 말았습니다. 이후 여성 조종사들은 낮에는 활동을 거의 하지 않고 있다가 독일군이 곤히 잠든 새벽에 레이더를 피하기 위해 표면을 나무로 만든 비행기를 타고 출격했습니다. 그들은 깊은 밤 나무 비행기에 두 발의 폭탄을 싣고 출격해 독일군 진영 상공에서 엔진을 끈 상태로 폭탄을 투하하는 위험천만한 작전을 펼쳤습니다. 여군 조종사들은 비행기를 마치 글라이더*처럼 다루면서 폭격에 임했습니다. 하지만 무방비 상태로 나섰기 때문에 독일군의 반격에는 속수무책이었습니다.

588연대는 4년 동안 2만여 차례의 출격을 통해 2만 3,000톤의 폭탄을 독일군 진지에 쏟아부었습니다. 소련 여군의 폭격으로 밤에 잠

---

* 비행기와 같은 고정 날개를 가진 항공기이지만, 자체에 엔진과 프로펠러나 제트 같은 추진 장치를 가지고 있지 않고 바람의 에너지나 자신의 중력의 전진 성분을 추력으로 삼아 비행하는 항공기.

을 이룰 수 없게 된 독일군은 야간에 가동하는 비행대를 구성해 반격에 나섰습니다. 이후 여성 조종사의 사망률이 치솟았지만 전쟁이 끝날 때까지 소련 여군의 용감한 항전은 계속되었습니다.

소련군이 주코프 원수를 중심으로 결사항전을 계속하자, 독일군은 더 이상 전쟁을 감당할 수 없는 지경에 내몰렸습니다. 추운 날씨와 물자 부족, 밀려드는 소련군 등 독일군이 감당할 수 없는 일이 계속 생겨났지만 자존심을 굽히기 싫었던 히틀러는 계속 스탈린그라드를 사수하라는 명령만 내렸습니다.

독일군 몰락의 시작

독일군은 거리, 지하실, 방, 계단 등 모든 곳에서 소련군의 저항을 받았습니다. 이처럼 소련군의 저항이 거세지는 가운데 전장에 도착하는 보급물자까지 줄어들자 독일군은 이중고에 시달렸습니다. 한 독일 병사는 부모에게 보낸 편지에서 '사랑하는 부모님, 제발 먹을 것 좀 보내 주세요. 춥고 배고파서 더

전장에서 제 역할을 하지 못한 파울루스 원수

연료 부족으로 움직일 수 없었던 독일군 탱크

이상 견딜 수 없습니다. 이곳 상황은 너무나 비참하고 절망적입니다. 기적이 일어나지 않는 한 저는 여기서 죽음을 맞이할 것입니다.'라며 당시의 생지옥 같은 상황을 묘사했습니다. 사태가 이 지경에 이르렀음에도 독일군 최고사령관 파울루스 원수는 철수는커녕 아무런 조치도 취하지 않았습니다.

나이 어린 병사들이 전쟁터에서 무의미한 죽음을 맞이하는 와중에도 파울루스는 베를린에 있는 히틀러에게 집권 10주년 기념 편지를 보냈습니다. 그는 편지에서 '히틀러 총통 각하! 여기 스탈린그라드에는 나치 독일의 하켄크로이츠Hakenkreuz* 깃발이 자랑스럽게 나부끼고 있습니다. 각하의 독일군은 스탈린그라드를 목숨 바쳐 지킬 것입니

* 나치즘 추종자들의 상징으로 갈고리 십자가 모양을 함.

다.'라고 아첨하며 히틀러의 비위를 맞추려고 애썼습니다.

1943년 1월 22일 독일군의 공중보급을 담당하던 마지막 비행장이 소련군에 의해 함락당하면서 독일군은 외부와 완전히 단절되는 처지에 내몰렸습니다. 당시 스탈린그라드에 입성했던 50만 명의 병사 중 10만 명만 살아있었을 정도로 독일군은 패색이 짙었습니다. 결국 파울루스는 전쟁을 수행할 수 없을 정도로 큰 타격을 입자 히틀러에게 철수 의사를 담은 편지를 보냈습니다. 그러나 히틀러는 마지막 1명까지 목숨을 바쳐 싸우라고 명령할 뿐, 이들을 구하려는 생각은 전혀 없었습니다. 이때라도 남아 있던 모든 독일군이 힘을 합쳐 퇴로를 열었으면 살 수 있었지만 히틀러는 끝내 후퇴를 허락하지 않았습니다.

같은 해 2월 2일 식량과 총알이 모두 떨어지자, 파울루스는 어쩔 수 없이 살아남은 9만 1,000명의 병사와 함께 소련군 총지휘관 주코프에게 항복했습니다. 포로가 된 독일군은 소련군으로부터 끔찍한 학대를 받아, 종전 후 살아 돌아온 사람은 불과 5,000여 명밖에 되지 않았습니다. 6개월 남짓 지속된 스탈린그라드 전투로 양측은 약 200만 명에 달하는 인명피해를 입어, 단일 전투로는 가장 많은 사상자가 발생했습니다.

스탈린그라드 전투 당시에 천하무적 독일 육군은 소련군이 격렬히 저항하자 '개가 사자처럼 싸운다.'며 혀를 내둘렀을 정도로 소련 국민들은 조국을 지키기 위해 온몸을 불살랐습니다. 독일군은 스탈린

마지막까지 스탈린그라드 철수를 허락하지 않은 히틀러

그라드 전투를 기점으로 기세가 한풀 꺾이며 내리막을 걷기 시작했습니다. 이에 반해 소련군은 세계 최강 독일군을 이길 수 있다는 자신감을 얻어 전세를 뒤집기 시작했습니다. 이후 독일은 소련군에 밀려 퇴각했지만 전략적으로 물러나며 소련군에게 계속해서 막대한 피해를 입혔습니다.

사실 독일군이 스탈린그라드 전투에서 패배한 데는 히틀러의 책임이 가장 컸습니다. 부사관* 출신의 히틀러는 작전기획 능력이 출중한 사람이 결코 아니었음에도 불구하고 모든 것을 본인 뜻대로 하려고 했습니다. 히틀러는 제2차 세계대전 초기에 폴란드와 프랑스를 손쉽

* 하사·중사·상사·원사 계급을 통틀어 이르는 말.

게 이긴 이후 자신감에 도취되어 그 누구의 말도 들으려 하지 않았습니다. 히틀러 휘하에는 뛰어난 장군이 많았지만 아무도 히틀러의 잘못된 결정에 이의를 제기하지 못해 인명피해를 키웠습니다.

반면, 스탈린은 군사작전 결정권을 전쟁의 대가 주코프에게 전적으로 이관했습니다. 스탈린은 "주코프가 전쟁에 관해서는 나보다 해박하니 모든 것을 그에게 맡긴다."고 말했을 정도로 주코프를 전폭적으로 신뢰해 승전의 기쁨을 맛볼 수 있었습니다. 스탈린그라드 전투는 제2차 세계대전의 향방을 가르는 가장 중요한 전투였습니다.

연합군의 '노르망디 상륙작전'

미국을 포함한 연합국이 제2차 세계대전을 끝내는 유일한 길은 나치 독일을 점령하는 것이었습니다. 하지만 1943년까지 연합군은 독일이 장악한 유럽 대륙에 발도 붙이지 못하고 영국에 머물러 있었습니다. 1944년이 되어서야 미군과 영국군 수뇌부는 유럽에 상륙할 방법을 연구하기 시작했습니다.

당시 동부(동유럽)전선에서는 소련군이 독일군을 연전연파하며 서쪽을 향해 진군해 오면서 미국을 긴장시켰습니다. 소련은 독일군이 지배하던 동유럽을 점령함과 동시에 공산화했기 때문에, 소련군이 연합군보다 먼저 서유럽에 진입하게 되면 영국을 제외한 유럽 대륙 전체가 공산화될 위험이 있었습니다. 따라서 연합군은 하루빨리 서유럽으로 진군해야 하는 상황이었습니다.

독일의 명장 에르빈 롬멜

나치 독일의 히틀러도 머지 않아 연합군이 상륙작전을 감행하리라는 것을 잘 알고 있었습니다. 독일은 연합군의 상륙작전만 막아내면 어느 정도 시간을 벌 수 있는 입장이었습니다. 1943년 히틀러는 독일이 낳은 최고의 명장 에르빈 롬멜Erwin Rommel 원수를 방위군 총사령관으로 임명해 유럽 해안선을 철통같이 지키도록 했습니다.

이론적으로 보면 연합군은 유럽 대륙의 모든 해안가에서 상륙작전을 펼칠 수 있었지만, 대규모 상륙작전이 가능한 지점은 한정되어 있었습니다. 수심이 깊어야만 대규모 수송선단과 전함들이 접근할 수 있기 때문입니다. 결국 연합군이 머무르고 있던 영국과 가까우면서도 상륙작전이 가능한 곳은 프랑스 북부의 칼레Calais와 노르망디Normandie 두 곳으로 압축되었습니다.

영국해협*의 연결 항구인 칼레는 영국과 지리적으로 최단 거리이

---

* 영국 동남부와 프랑스 서북 해안 사이에 있는 해협.

영국과 지리적으로 가장 가까웠던 프랑스 칼레와 연합군이 선택한 노르망디

고 수심이 깊어 대규모 상륙작전을 수행하기에는 더할 나위 없이 좋은 최적의 장소였습니다. 이에 비해 노르망디는 수심이 얕고 모래사장이 많아 큰 배가 기동하기 쉽지 않았습니다. 상륙작전은 한 달 중에서 밀물이 가장 높은 해안까지 꽉 차게 들어오는 만조가 되는 며칠 동안만 가능하기 때문에 결코 쉽지 않은 일이었습니다.

히틀러는 연합군이 칼레로 상륙할 것이라고 판단해 칼레에 방비 태세를 갖추라고 명령했습니다. 이에 반해 제1차 세계대전 때 독일군 장교로 활약하고 제2차 세계대전에서도 독일의 아프리카 군단을 이끌며 최고의 작전기획력으로 연전연승한 에르빈 롬멜은 연합군이 노르망디로 쳐들어올 것이라고 판단했습니다.

롬멜은 칼레가 상륙작전을 하기에 최적의 장소이기 때문에 연합군 사령관이 오히려 피할 것이라 생각했습니다. 그는 연합군이 칼레보

연합군 상륙을 막기 위해 설치된 독일군 포대

다 상륙작전을 감행하기 힘든 노르망디를 통해 독일군을 급습할 것
이라고 말했지만, 자만심에 사로잡힌 히틀러는 그 말을 귀담아듣지
않았습니다. 히틀러의 엄명에 따라 칼레에는 폭격을 맞아도 끄떡없
이 견딜 만한 요새와 벙커들이 대거 만들어졌으나 노르망디는 상대
적으로 부실하게 관리되었습니다.

　연합군 총사령관 드와이트 아이젠하워Dwight Eisenhower는 롬멜의 예상
대로 노르망디를 상륙장소로 정한 후 때를 기다리고 있었습니다. 상
륙작전의 성공에 가장 중요한 변수는 날씨였습니다. 영국에서 노르
망디 해안에 이르는 바닷길에는 큰 풍랑이 자주 발생하는 터라 날짜
를 잘못 지정한다면 상륙작전은커녕 바다에 수장될 확률이 매우 높
았습니다. 게다가 상륙정이 노르망디 해안가에 도착하기 전에 연합

군 공군이 독일군을 향한 대
규모 공습에 성공해야 상륙
군인의 인명피해를 조금이나
마 줄일 수 있었습니다.

1944년 봄, 영국군과 미군
수뇌부는 6월 6일을 작전일
로 정하고 치밀한 사전준비
작업에 돌입했습니다. 무엇보
다도 중요한 일은 독일이 노
르망디 상륙작전을 눈치 채

연합군 총사령관 드와이트 아이젠하워

지 못하도록 하는 것이었습니다. 당시 독일은 영국에 무수히 많은 스
파이를 보내 연합군의 일거수일투족을 철저히 감시하고 있었습니다.

유럽 대륙 상륙을 두고 머리를 맞댄 연합군 수뇌부

이 때문에 연합군은 히틀러를 감쪽같이 속일 기만책이 필요했습니다. 이를 위해 연합군 장교들은 병사들에게 조만간 칼레로 떠날 것이라고 알려 주며 상륙훈련을 시켰습니다.

연합군은 미국의 명장 조지 패튼George Smith Patton 장군을 사령관으로 한 대규모 위장 군대를 만들어 프랑스 칼레와 최단 거리에 있는 영국 남부의 켄트Kent에 주둔하도록 했습니다. 조지 패튼의 위장 상륙군은 매일같이 칼레 상륙작전을 위한 맹훈련을 실시하면서 독일 스파이의 눈을 속였습니다. 영국 곳곳에 잠입해 활약하던 독일 스파이들은 하나같이 연합군이 칼레로 상륙할 것이라고 보고했습니다. 이에 한층 더 득의양양해진 히틀러는 칼레에 더욱 견고한 방어망을 구축하라는 명령을 내렸습니다.

노르망디 상륙작전이 개시되기 얼마 전까지도 연합군은 마치 칼레에 상륙할 듯한 위장작전을 계속하면서 독일군의 노르망디 병력 배치를 막았습니다. 이 같은 기만작전이 완벽히 먹혀든 덕분에 이제 무사히 바다만 건너면 상륙작전이 성공할 수 있는 여건이 조성되었습니다.

독일군을 완벽하게 속인 패튼 장군

그런데 6월 4일 하루 종일

폭풍우가 내리치면서 연합군 지휘관들은 난감한 처지에 놓였습니다. 이 같은 악천후가 계속된다면 6월 6일 새벽으로 예정된 노르망디 상륙작전을 시작조차 할 수 없었기 때문입니다. 이번 기회를 놓치면 다시 만조가 돌아오는 7월 초까지 한 달가량 15만 대군이 꼼짝없이 기다릴 수밖에 없었습니다. 만일 그 사이에 독일 스파이들이 위장작전을 눈치 챘다면 모든 계획이 헝클어져 연합군이 최악의 상황에 내몰릴 수도 있었습니다.

이때 영국 공군 기상대 책임자 스태그Stag 대령이 6월 5일까지 악천후가 계속되다가 6월 6일 상륙작전이 시작될 즈음 날씨가 갑자기 좋아질 것이라는 예보를 내놓았습니다. 과학기술이 고도로 발달한 오늘날에도 완벽한 기상예보를 할 수 있는 나라는 지구상에 존재하지 않는데, 그 당시 과학기술로 이틀 뒤의 날씨를 정확히 예측하기란 거의 불가능에 가까웠습니다.

따라서 연합군 수뇌부 입장에서 영국군 기상장교의 말만 믿고 대군을 바다로 보내는 일은 생명을 담보로 하는 도박이나 다를 바 없었습니다.

노르망디 상륙작전의 감행을 두고 연합군 수뇌부에서 심각한 마찰이 빚어졌습니다. 상륙작전을 연기하자는 측과

정확한 기상예보를 한 스태그 대령

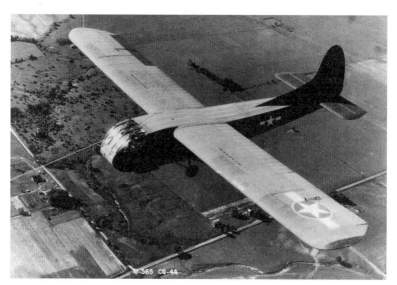
날씨에 따라 운명이 좌우되는 글라이더

강행하자는 측으로 양분되어 치열한 논쟁이 벌어졌습니다. 이 논쟁은 끝날 기미를 보이지 않고 계속되었습니다. 결국 최종 결정은 총사령관인 아이젠하워의 몫이었습니다. 결정을 내리기에 앞서 아이젠하워는 다시 한 번 기상장교에게 작전개시일의 날씨를 물었습니다. 스태그 대령은 6월 6일에는 분명 날씨가 좋을 것이라고 호언장담했습니다.

노르망디 상륙작전에서 수송기에 탄 2만 3,000여 명의 공수대원이 정확한 목표지점에 낙하하려면 밤하늘이 맑아야 했습니다. 그래야 수송기 조종사가 지형지물을 식별해 공수대원에게 낙하 지시를 할 수 있기 때문입니다. 또한 글라이더를 타고 침투하는 공수대원도 많았기에 폭풍우가 휘몰아치면 절대로 안 되는 상황이었습니다.

노르망디 해안을 시찰 중인 롬멜 장군

연합군의 상륙작전을 막기 위해 대비하는 롬멜 장군

배를 총동원해 노르망디 상륙작전에 나선 연합군

같은 시각, 독일군의 롬멜 장군도 6월 6일의 날씨가 매우 궁금했습니다. 해수면이 최대로 높아지는 만조 시기인 6월 6일만 지나면 연합군이 한 달 동안 해안가에 얼씬도 하지 않을 것을 알고 있었기 때문입니다. 롬멜은 6월 4일 당시 세차게 불던 폭풍우가 6월 6일까지 계속될 것이라는 독일군 기상장교의 말을 믿었습니다. 6월 들어 악천후가 계속되었기 때문에 롬멜 역시 날씨가 갑자기 좋아지리라고는 생각하지 않았습니다. 방심한 롬멜은 그동안 고된 근무에 시달려 온 병사들에게 오래간만에 달콤한 휴식시간을 주었습니다. 본인 또한 아내의 생일을 축하하기 위해 프랑스를 떠나 독일의 본가로 휴가를 갔습니다.

가장 길었던 하루

1944년 6월 6일 사상 최대 규모의 노르망디 상륙작전이 전개되었습니다. 무려 17만 명의 병력이 바다와 하늘을 이용해 프랑스로 진격했습니다. 상륙작전에 참여한 군인은 미국·영국·캐나다·노르웨이·호주·폴란드 등 8개국으로 구성된 다국적군이었습니다. 제일 먼저 공격을 시작한 것은 2만 3,000여 명의 공수대원이었습니다.

6월 6일이 시작되자마자 한밤중에 거대한 수송기에 몸을 실은 공수대원들은 프랑스 하늘에서 뛰어내려 독일군의 후방을 공격했습니다. 폭격기들은 독일군 진지에 융단 폭격을 가했습니다. 이날 동원된 항공기만 해도 1만 2,000대가 넘어 하늘은 하루 종일 연합군의 공군기로 뒤덮였습니다. 동시에 칼레의 상공에도 수많은 폭격기가 등장해

작전에 나선 공수부대원을 격려하는 연합군 총사령관 아이젠하워

작전 당일 프랑스 상공을
뒤덮은 연합군기

대규모 폭격을 가했습니다. 이것은 마치 칼레에서 상륙작전이 전개되
는 것처럼 꾸며 독일군의 오판을 부르기 위한 기만전술이었습니다.

당시 칼레에는 독일이 자랑하는 최정예 기갑부대*가 배치되어 있
어, 이들을 칼레에 묶어 두는 일이 매우 중요했습니다. 압도적 화력
의 독일 전차들이 노르망디로 이동한다면 연합군의 막대한 인명피해
가 불가피할 것이 뻔했기 때문입니다. 다행히 칼레의 독일군 기갑부

* 전차와 장갑차를 주력으로 삼아 기동력과 화력을 높인 지상 작전 부대.

대는 연합군의 기만전술에 속아 한 발짝도 이동하지 않았습니다.

독일군이 칼레에 묶여 있는 사이 약 15만 명에 이르는 상륙군은 5,000여 척의 각종 함선을 나누어 타고 노르망디로 출발했습니다. 이들을 실어 나르기 위해 19만 명 이상의 해상지원 인력이 동원되었습니다. 함선이 출발할 때까지만 해도 날씨가 좋지 않아 작전에 참여한 연합군은 불안했습니다. 하지만 노르망디에 가까워질수록 날씨가 맑아져 별 탈 없이 상륙작전에 돌입할 수 있었습니다.

연합군은 당일 새벽 오마하·유타·소드·주노·골드 등 5개 지역으로 나뉘어 상륙작전을 감행했습니다. 이들 지역 중 연합군의 피해가 가장 컸던 곳은 미군이 상륙한 오마하 해안이었습니다. 다른 지역과 달리 오마하 해안을 지키는 독일 군인들은 전투경험이 풍부한 백

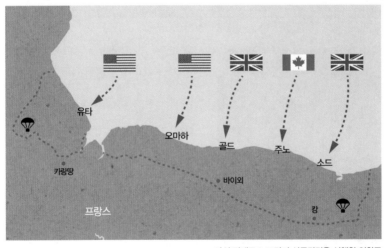

다섯 갈래로 노르망디 상륙작전을 실행한 연합군

전노장이었고, 지휘관도 매우 유능한 사람이었습니다. 이들은 미군이 상륙할 곳에 미리 중기관총·대포·철제 바리케이드·지뢰 등을 대거 구축해 놓았습니다.

상륙정에서 미군이 내리기가 무섭게 때를 기다리고 있던 독일의 중기관총이 불을 내뿜었습니다. 상륙작전에 참가한 5만 명의 미군 중 10%에 해당하는 5,000명가량이 총 한 번 쏘지 못하고 독일군의 중기관총에 참변을 당했습니다. 오마하 해변에 상륙하려던 미군의 피해가 엄청나게 커지자 연합군 수뇌부는 이 해변을 포기할 것인지를 두고 진지한 논의에 들어갔습니다. 하지만 상륙에 성공한 미군은 용감히 싸워 전세를 역전시켰고 끝내 독일군을 제압했습니다.

노르망디 상륙작전 성공에
공헌한 레지스탕스

노르망디 상륙작전의 성공 뒤에는 세간에 많이 알려지지 않았지만 크게 기여를 한 숨겨진 영웅들이 있었습니다. 그들은 바로 프랑스 레지스탕스였습니다. 1940년 5월 독일의 프랑스 침략 이후 프랑스 전역에서 독일군에 저항하는 세력이 생겨났는데, 이들을 일컬어 '레지스탕스'라고 합니다. 레지스탕스는 노르망디 상륙작전이 시작되기

해안가의 독일군을 향해 함포를 발사하는 연합군

총탄이 빗발치는 가운데 상륙작전을 수행하는 연합군 병사들

노르망디에 상륙한 연합군

얼마 전 노르망디로 향하는 독일군의 철도와 통신망을 무력화했습니다. 이 과정에서 레지스탕스는 적지 않은 인명피해를 입었지만, 노르망디에 주둔하던 독일군을 완전히 고립시켜 연합군이 승리하는 데 큰 도움을 주었습니다.

노르망디 상륙작전의 성공에는 행운도 따랐습니다. 당시 노르망디 후방에는 언제든지 출동할 수 있도록 잘 훈련된 독일군 예비 전차사단 병력이 대기 중이었습니다. 노르망디 상륙작전이 시작되자마자 곧바로 독일의 전차사단이 전장으로 이동했다면 결과가 어떻게 되었을지 알 수 없습니다. 그런데 6월 5일 밤, 잠자리에 들기 전에 히틀러는 예비 전차사단 병력을 움직이려면 반드시 자신의 허락을 받도록 명령했습니다.

6월 6일 새벽 연합군이 노르망디 해안가로 몰려왔을 때, 평소 히틀러를 극도로 두려워한 부하들은 곤히 잠들어 있는 히틀러를 감히 깨울 수 없었습니다. 이 때문에 막강한 화력을 갖춘 예비 전차사단은 히틀러가 일어날 때까지 조금도 움직일 수 없었습니다. 뒤늦게 히틀러의 명령이 떨어지고 나서야 전차사단 병력이 전장에 도착했지만 그때는 이미 상륙작전이 마무리 단계에 들어간 뒤였습니다.

연합군 수뇌부의 탁월한 작전기획 능력과 이를 뒷받침해 준 병사들의 용맹함 그리고 독일군의 오판이 더해지면서 노르망디 상륙작전은 성공리에 마무리될 수 있었습니다. 제2차 세계대전 기간 중 연합군에게 '가장 길었던 하루'라고 불린 1944년 6월 6일의 노르망디 상류작전은 힘든 전투였지만, 연합군이 승기를 잡는 데 결정적인 역할을 했습니다. 유럽 대륙에 교두보를 마련한 연합군은 대규모 병력을 동원해 독일 본토를 향해 진군했고, 이를 막아낼 수 없었던 독일은 패전의 길로 들어섰습니다.

무솔리니와 히틀러의 최후

독일과 동맹을 맺은 추축국* 중 제일 먼저 연합국에 항복을 선언한 나라는 이탈리아였습니다. 1943년 7월 10일 연합군이 이탈리아 최남단 시칠리아Sicilia섬에 상륙하면서 해안방어선이 순식간에 무너졌습니다. 이번에도 무솔리니의 이탈리아군은 제대로 싸워 보지도 못한 채 연합군에 패전을 거듭하면서 웃음거리가 되었습니다. 애당초 무솔리니는 영화로웠던 로마 제국의 부활을 외치며 이탈리아 국민들에게 세계 정복의 환상을 심어 주었지만 현실은 처참한 패배뿐이었습니다.

무솔리니 군대는 연합군을 상대로 벌인 모든 전투에서 단 한 차례도 이기지 못하는 진기록을 남기며 마침내 시칠리아섬마저 함락되는 수모를 당했습니다. 연합군이 이탈리아의 수도 로마로 폭풍처럼 몰려오자 무솔리니가 만든 국가파시스트당** 간부들은 자신의 목숨이라도

---

* 제2차 세계대전 당시 연합국에 맞서기 위한 국제동맹. 독일 · 이탈리아 · 일본이 중심이 되었다.
** 무솔리니가 자신의 정치적 야심을 이루기 위해 만든 정당. 1921년부터 1943년까지 집권당이었으며 파시즘에 따라 운영되었다.

이탈리아 최남단에 위치한 시칠리아섬

구하기 위해 무솔리니를 당에서 내치기로 결정했습니다. 같은 해 7월 25일 파시스트당 최고 의결기구인 평의회는 무솔리니에 대한 불신임안*을 통과시켜 그를 당에서 쫓아냈습니다. 무솔리니의 실각으로 이탈리아에는 새로운 정부가 들어섰고, 그동안 무솔리니의 전횡을 참아 왔던 국왕은 군부에 명령을 내려 그를 체포하도록 했습니다.

이탈리아 국왕과 신정부는 무솔리니를 연합군에 넘겨 자신들의 안전을 확보할 생각이었습니다. 불과 얼마 전까지 절대권력을 휘두르

---

* 의원내각제에서 국회가 내각이나 국무위원을 총사퇴시킬 것을 결의한 안건.

시칠리아섬에 상륙한 연합군

던 무솔리니는 한순간에 전범이 되어 로마 북쪽 해발 2,000미터 높이의 험준한 아펜니노Apennino산맥에 있는 한 호텔에 갇히는 신세가 되었습니다. 국왕이 깊은 산속에 무솔리니를 숨긴 이유는 연합군에 넘길 때까지 히틀러가 찾지 못하도록 하기 위해서였습니다. 같은 해 9월 8일 이탈리아는 거침없이 계속되는 연합군의 진군에 항복을 선언하고 연합군 편에 붙었습니다.

당시 무선통신 감청을 통해 이탈리아 신정부와 국왕이 행한 일련의 과정을 지켜본 히틀러는 몹시 불쾌했습니다. 사실 이탈리아는 제1차 세계대전 때도 독일 편에 섰다가 전세가 불리해지자 연합국에 붙은 전력이 있었습니다. 그런데 이번에 또다시 배신을 하니 참을 수 없었던 것입니다. 성난 히틀러는 이탈리아군을 보는 대로 학살하라

무솔리니가 구금된 아펜니노산맥의 호텔

는 명령을 내렸고, 그리스에서 연합군에 맞서 함께 싸웠던 이탈리아 군 3,300여 명이 독일군에 의해 잔혹하게 학살되었습니다. 또한 히틀러는 독일 최정예 특수부대에 무솔리니를 구출하라는 엄명을 내렸습니다.

1943년 9월 12일 모두 108명으로 구성된 독일 최정예 특수부대는 글라이더를 타고 무솔리니가 갇혀 있는 호텔에 착륙하는 위험한 작전을 펼쳤습니다. 산 정상에 바람이 세게 불어 글라이더가 추락할 위기를 맞기도 했지만, 특수부대원 모두 안전하게 목적지에 착륙했습니다. 당시 호텔에는 독일군의 두 배가 넘는 250명의 이탈리아군이 무솔리니를 지키고 있었지만, 독일군이 나타나자 전의를 잃고 다급히 항복했습니다.

히틀러 덕분에 목숨을 구한 무솔리니는 권력을 되찾으려 노력했으나 이미 이탈리아가 독일을 배신하고 연합국의 일원이 되었기 때문에 예전 권력을 다시 찾기란 불가능했습니다. 그 대신 이탈리아 북부 지역에 나치의 명령에 복종하는 괴뢰정부*를 만들라는 히틀러의 지시를 받고 이를 충실히 따랐습니다.

당시 독일 점령 지역이었던 프랑스 남부와 이탈리아 북부가 국경을 맞대고 있었기 때문에 히틀러는 연합군이 프랑스 지역을 침략하지 못하도록 무솔리니를 이용해 이탈리아 북부를 지키고자 했습니다. 무솔리니는 이탈리아 북부 가르다Garda호수 주변의 작은 마을 살로Salo에 수도를 정하고 국가 이름을 '이탈리아 사회공화국'이라 지었습니다. 그가 세운 신생 국가는 나치 독일, 일본 제국 등 극소수 국가만 주권을 인정했을 뿐 전 세계적으로 국가 취급조차 받지 못했습니다. 신생국은 히틀러의 지원 없이는 단 하루도 운영될 수 없는 꼭두각시 국가였지만, 무솔리니는 그곳에서도 로마 제국의 영광 재현을 부르짖었습니다. 신생국에서 무솔리니가 하는 일이라고는 지역 내 유대인을 색출해 나치 독일에 넘기는 일밖에 없었습니다.

1945년 4월 독일의 패색이 짙어지자 무솔리니는 두려워지기 시작했습니다. 4월 25일 대규모 연합군이 북부 이탈리아로 진격을 시작해 독일군의 항복이 임박했음을 인지한 무솔리니는 나치 독일과 맺은 동맹을 파기하고 연합국 편에 붙으려고 했지만, 이미 때가 늦어

---

* 다른 나라가 조종하는 대로 움직이는 한 나라의 행정부.

독일 특수부대에 의해
가까스로 생명을 구한
무솔리니

무솔리니를 실은 독일 특수부대 글라이더

버렸습니다. 그날 저녁 무솔리니는 향후 전범재판을 받게 될 경우를 대비해 자신에게 불리한 자료는 소각하고 유리한 자료만 챙겨 탈출을 시도했습니다.

무솔리니는 독일군 병사 옷을 입고 독일로 퇴각하는 트럭 행렬에 몸을 숨겼습니다. 그러나 평소 이탈리아의 민주주의 회복을 외치며 저항하던 유격대원에게 붙잡혔습니다. 무솔리니는 자신이 독일군 병사라고 주장했지만, 그가 신고 있던 값비싼 군화 때문에 정체가 들통나고 말았습니다. 체포 다음날인 4월 28일 무솔리니는 권력을 잡은 지 23년 만에 총살형으로 처형되면서 62세 나이로 생을 마감했습니다.

무솔리니가 세계 정복의 야욕을 품고 제2차 세계대전에 발을 담그면서, 무수히 많은 이탈리아 젊은이가 전쟁터로 끌려가 비참한 죽음을 맞이했습니다. 이탈리아 국민들은 패전이 임박한 무렵이 되어서야 무솔리니가 허풍쟁이에 지나지 않았다는 사실을 알게 되었습니다. 이탈리아는 나치 독일이나 일본 제국과 달리 한 번도 승전의 기쁨을 누려 보지 못한 채 패전만 거듭하며 전 세계의 조롱거리로 전락하고 말았습니다.

무솔리니가 죽은 후 그의 시신은 길바닥에 버려져 지나가는 사람들에게 능욕을 당했습니다. 수많은 사람이 그동안 쌓였던 불만을 쏟아 내며 무솔리니의 시신에 침을 뱉었습니다. 어떤 할머니는 전쟁터에서 죽은 다섯 아들의 복수를 위해 그의 시신에 다섯 발의 총을 발사하기도 했습니다. 결국 무솔리니의 시신은 밀라노 광장 전봇대에 거꾸로 매달려 독재자의 비참한 최후를 전 세계에 여실히 보여주었

자살로 생을 마감한
히틀러

습니다.

히틀러 역시 무솔리니처럼 비극적으로 생을 마감했습니다. 그는 노르망디 상륙작전 이후 연합군을 막기 위해 어린이와 노인까지 총 동원해 방어작전을 펼쳤지만 이미 때가 늦은 상황이었습니다. 대부분의 독일 젊은이가 이미 전쟁터에서 죽었기 때문에 독일을 방어할 병력은 거의 없었습니다. 히틀러는 독일 서쪽에서 진군해 오는 영미 연합군과 동쪽에서 진군해 오는 소련군을 도저히 감당할 수 없었습니다.

1945년 4월 나치 독일의 수도 베를린마저 연합군에 포위되자, 4월 30일 히틀러는 국민들에게 최후의 1인까지 계속 싸우라는 마지막 명

령을 하달하고 권총자살로 생을 마감했습니다. 히틀러는 죽기 전 측
근들에게 자신의 시체가 연합군의 손에 넘어가지 않도록 불태워 달
라고 부탁했습니다. 결국 그의 뜻대로 시신은 소각되었습니다.

프랑스의 콜라보 숙청

콜라보Collabo란 나치 독일이 프랑스를 점령한 기간인 1940년 5월부
터 1944년 8월까지 나치에 협조한 프랑스인을 의미합니다. 나치 독
일이 프랑스를 강제 점령한 기간은 4년여밖에 되지 않았지만 수많은
콜라보가 생겨났습니다. 대표적인 콜라보는 나치의 괴뢰정부에 지나
지 않았던 비시정권에 참여했던 사람들입니다. 수십만 명에 달한 콜
라보 중에서 으뜸은 비시정부의 수반이었던 필립 페탱입니다. 그는

독일의 프랑스 지배에 협조한 콜라보

제1차 세계대전을 승리로 이끈 영웅이었지만, 제2차 세계대전 때는 프랑스군을 총지휘하는 육군 원수였음에도 불구하고 노욕에 이끌려 나라를 팔아먹는 일에 앞장섰습니다. 페탱은 독일군이 쳐들어왔을 때 싸움 대신 항복의 길을 택했습니다.

페탱이 비굴하게 나치 독일에 항복하려고 하자, 샤를 드골 같은 용기 있는 장군은 영국으로 건너가 망명정부를 세우고 전쟁이 끝날 때까지 결사항전을 벌였습니다. 페탱은 나치의 앞잡이가 되어 비시정부의 수반으로 취임하는 자리에서 "저는 영광의 날에 여러분과 함께 있었고, 어려운 날에도 여러분 곁에 있겠습니다."라고 말하며 자신의 행동을 미화하기 바빴습니다. 비단 페탱뿐 아니라 수많은 장군이 나치 독일과 함께 연합군에 맞서는 반역의 길로 들어섰습니다.

나치 독일에 목숨 걸고 저항하던 레지스탕스를 소탕한 것도 독일군이 아니라 콜라보였습니다. 비시정권 아래서 15만 명의 프랑스인이 총살당했고, 100만 명 넘는 사람이 군수공장에서 강제 노역을 했습니다. 수많은 언론인 역시 개인적인 영화를 누리기 위해 콜라보가 되어 여론을 왜곡하는 일에 앞장섰습니다. 철저히 나치 독일 편에 선 콜라보 언론인들 때문에 프랑스 국민들은 독일이 영원히 프랑스를 지배할 것이라고 착각할 정도였습니다.

1944년 8월 연합군에 의해 파리가 해방되면서 콜라보에 대한 처단이 시작되었습니다. 성난 국민들은 총·칼·몽둥이 등으로 만 명에 이르는 콜라보를 재판도 없이 즉결 처형했습니다. 점령 기간 중 독일

나치 독일의 편에 서서 레지스탕스를 소탕한 콜라보

군과 결혼하거나 협력 또는 교제한 프랑스 여성들은 삭발당한 채 국민들의 돌에 맞아 죽었습니다. 이러한 행동은 문명국가이자 법치국가인 프랑스의 이미지를 크게 실추시키는 부작용을 낳기도 했습니다. 하지만 프랑스 국민들은 반민족적 범죄를 저지른 사람들에게 법적 보호를 해 줄 가치조차 없다고 생각했기 때문에 망설임 없이 즉결 처형을 실시했습니다.

프랑스 최대 자동차 회사였던 르노는 독일군에게 탱크를 만들어 주었다는 이유로 나라의 소유가 되었고, 사장은 구속되어 감옥에서 죽음을 맞이했습니다. 또한 9만 5,000명의 프랑스인이 시민권을 박탈당해 법적 보호를 받을 수 없었으며, 1만 1,000여 명이 공직에서 영구히 추방되었습니다. 최종적으로 12만여 명이 재판정에 세워져 9만 명이 유죄판결을 받았습니다. 그중 7,000여 명에 이르는 콜라보가 사형선고를 받았으며, 1,500명은 실제 사형이 집행되어 단두대에 목이 잘려 죽었습니다. 심지어 프랑스 주재 독일 대사 부인에게 꽃을 보낸 사람, 관 앞에서 나치식 인사를 한 장의사도 콜라보로 몰려 징역형에 처해졌고 언론인은 가중 처벌을 받았습니다.

거리에서
즉결 처형을 받는
콜라보

비시정권의 괴수였던 페탱 역시 처벌을 면치 못했습니다. 1945년 당시 89세의 고령이었던 그는 전범재판에서 총살형 대신 종신형을 선고받고 대서양 연안의 섬에서 수감생활을 하던 중 1951년 95세 나이로 눈을 감았습니다. 페탱의 시신은 고향으로 돌아오지 못하고 그 곳에 묻혔습니다. 프랑스 사람들은 콜라보를 엄격히 처단함으로써 국가가 위기에 빠졌을 때 다시는 개인의 출세를 위해 나라를 팔아먹는 매국노가 등장하지 않도록 했습니다. 이처럼 프랑스는 콜라보 처단을 통해 역사상 유례를 찾기 힘들 정도로 철저하게 과거사를 청산한 나라가 되었습니다.

2장

일본 제국의 패망과 초강대국 미국의 위상을 굳힌

태평양 전쟁

근대화에 성공한 일본

1840년대 미국의 면직 공업은 산업혁명 이후 세계 면직 산업을 주름잡았던 영국에 버금갈 정도로 성장했습니다. 또한 미국에서 생산된 면제품의 30%가량이 중국으로 수출되었기 때문에 중국은 미국의 주요 시장으로 부상했습니다. 미국에서 중국으로 면제품을 수출하려면 증기선이 거대한 태평양 바다를 건너야 했는데, 이를 위해서는 중간에 연료를 보충할 석탄 공급지가 반드시 필요했습니다. 미국은 중간 기항지로 일본이 적합하다고 판단했습니다.

당시 일본은 사무라이[*]가 모든 권력을 장악한 막부^{**} 체제로서 강력한 쇄국정책을 펼치고 있었습니다. 막부가 국가의 모든 권력을 차지했기 때문에 천황은 아무런 실권을 갖지 못하고 국가통합을 위한 상징적인 존재에 머물러야 했습니다. 1852년 미국의 페리_{Matthew Calbraith}

---

* 일본 봉건 시대의 무사.
** 1192년부터 1868년까지 일본을 통치한 쇼군의 정부. 천황은 상징적인 존재가 되고 쇼군이 실질적인 통치권을 가졌다.

미국에 의해 강제 개항한 일본

Perry 제독은 일본 개국의 임무를 띠고 미국을 떠나 8개월 만인 이듬해 7월 일본 연안에 도착했습니다.

페리는 개항을 요구하는 미국 대통령의 친서를 전달하며 일본과의 수교를 요구했지만 서양 세력의 진출에 겁을 먹은 막부는 협상을 차일피일 미루며 시간 끌기에 들어갔습니다. 일본 앞바다에서 마냥 기다릴 수 없었던 페리 제독은 다시 돌아올 때까지 결정을 내리지 않으면 그냥 두지 않겠다고 협박하고 일본을 떠났습니다.

일본 앞바다에서 무력시위를 벌인 페리 제독

근대화 이전의 일본인의 모습

이듬해 1854년 2월 페리 제독은 대규모 함대와 함께 일본에 다시 찾아와 개항을 요구했습니다. 하지만 일본은 이번에도 시간을 끌며 미국의 요구에 답하지 않았습니다. 화가 난 페리 제독은 막강한 화력의 함포를 쏘아 대며 무력시위를 벌였습니다. 겁에 질린 일본인들은 페리 제독의 요구를 들어주지 않을 수 없었습니다.

이처럼 일본의 근대화는 자의가 아닌 미국이라는 외세에 의해 시작되었습니다. 미국이 오랫동안 닫혀 있던 일본의 빗장을 활짝 열어젖히자 다른 유럽 열강들도 일본에 개항을 요구하며 통상조약을 체결했습니다. 1854년 개항 이후 일본은 서양 국가와 교류하면서 자신들이 얼마나 시대에 뒤처졌는지 알게 되었습니다. 이런 사실은 내정 개혁 요구로 분출되었습니다.

일본 근대화에 앞장선 메이지 천황

1867년 지식인을 중심으로 한 강력한 개혁 요구는 결국 사무라이 중심의 막부 체제를 붕괴시키고, 메이지 천황*을 중심으로 하는 왕정복고를 불러왔습니다. 이듬해인 1868년 메이지 천황은 일본을 서양처럼 만들기 위해 '메이지 유신'이라는 개혁을 단행해 급진적으로 실천에 옮겼습니다.

가장 먼저, 강력한 권력을 기반으로 신속한 근대화를 이루기 위해 천황을 신격화하기 시작했습니다. 천황은 인간 세상으로 내려온 신으로서 사람이 아닌 존재로 미화되었습니다. 천황은 신이었기 때문에 인간 가문을 나타내는 성姓이 없고 오직 이름만 있었습니다. 일본 국민이라면 누구에게나 부여되는 주민번호도 없고 심지어 호적도 없었습니다. 천황의 자동차는 번호판 대신 황실을 상징하는 황금빛 국화무늬를 달고 다녔습니다. 그리고 모든 일본인에게 천황의 자녀라는 사상을 주입했는데, 이는 잘 먹혀 들어갔습니다. 신격화가 완료되

---

* 일본의 122대 천황으로(재위기간 1867–1912), 16세에 즉위하여 천황이 실권을 행사하는 황정복고를 이룩하고 일본의 근대화에 앞장섰다.

메이지 유신을 계기로 빠르게 서양문물을 도입한 일본

근대화 이후
일본인의 모습

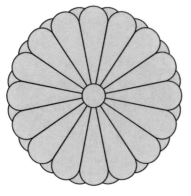
일본 황실의 국화문장

자 천황은 개혁에 박차를 가해 신분제도를 철폐하고 모두가 평등한 세상을 만들었습니다.

또한 서구식 교육제도와 군사 제도를 도입해 발 빠르게 서양을 따라갔습니다. 급진적인 개혁에 반대하는 사람도 많았지만 절대적 권력을 지닌 메이지 천황은 줄기차게 개혁을 밀어붙였습니다. 그 결과 일본은 빠른 속도로 근대화에 성공해 20세기에 들어 유럽 열강과 어깨를 나란히 할 정도의 힘을 갖게 되었습니다.

무적의 일본

메이지 유신을 계기로 산업화에 성공한 일본은 유럽 열강과 마찬가지로 공장에서 쏟아져 나온 제품을 판매할 시장이 필요했습니다. 당시 일본이 가장 손쉽게 차지할 수 있던 나라는 이웃 나라 조선이었습니다. 강력한 화력을 보유한 일본이 군사력이 부실한 조선을 정복하는 것은 그다지 어렵지 않았습니다. 하지만 문제는 조선의 배후에 있던 청나라였습니다. 청나라는 오래전부터 조선에 지대한 영향을 미쳐 왔기 때문에 조선을 차지하려면 반드시 청나라를 무너뜨려야 했습니다.

청일 전쟁에서 대승을 거둔 일본

　청나라는 일본과 비교가 되지 않을 정도로 거대한 영토와 많은 인구를 보유하고 있었지만 근대화에 실패해 이빨 빠진 호랑이에 불과했습니다. 일본은 조선을 차지하기 위해 호시탐탐 군침을 흘리고 있던 도중, 1894년 6월 조선의 동학농민 혁명을 계기로 조선 땅에서 조선의 지배를 둘러싸고 청나라와 일전을 치르게 되었습니다. 일본은 오래전부터 서양에서 군사교관을 초빙해 군인들에게 근대식 군사교육을 시키는 동시에 최신식 무기로 무장했기 때문에 청나라는 일본의 상대가 되지 않았습니다.

　세계 최대 인구를 가진 청나라가 섬나라 일본을 상대로 1년도 버티지 못하고 항복을 선언하면서 청일 전쟁은 막을 내렸습니다. 일본은 승전의 대가로 청나라에 배상금 2억 냥을 요구해 받아 냈습니다. 이 배상 액수는 일본 정부의 4년 치 예산에 해당하는 엄청난 금액으

최강의 위용을
자랑하던
발틱함대

로, 일본은 이 돈을 밑천으로 경제개발과 함께 다음 전쟁 준비에 들
어갔습니다.

조선에서 청나라를 쫓아낸 일본은 다음으로 러시아와의 일전을 준
비했습니다. 하지만 러시아는 서양 국가로서 청나라와 비교가 되지
않을 정도로 강력한 군사력을 가지고 있었고, 무엇보다 무적의 발틱
Baltic 함대*를 보유하고 있었습니다. 그럼에도 불구하고 1904년 2월 일
본군이 중국의 뤼순 항에 정박하고 있던 러시아 함대를 기습공격하

---

* 제정 러시아의 주력 해군함대로서 주로 유럽에서 활동했다. 러일 전쟁이 발발하자 일본 해군과의 결전에 나섰으나 1905년 5
월 일본 함대와의 전투에서 참패했다.

면서 러일 전쟁이 시작되었습니다.

일본은 북만주를 무대로 러시아군과 치열한 전투를 치렀지만 좀처럼 승기를 잡지 못해 애를 먹고 있었습니다. 전쟁터가 된 북만주는 러시아와 지리적으로 가까워, 일본은 군수물자 보급에 곤란을 겪었습니다. 일본은 청일 전쟁처럼 러일 전쟁도 1년 안에 끝낼 수 있으리라 판단했지만, 전쟁은 해를 넘기게 되었습니다. 이에 따라 4억 5,000만 엔 정도로 예상한 전쟁비용이 19억 엔까지 늘어나면서 일본 정부는 금전적으로 엄청난 부담을 떠안게 되었습니다.

일본이 러일 전쟁으로 고전을 면치 못하고 있을 때 구원의 손길을 내민 나라가 영국입니다. 오래전부터 영국 외교의 기본 정책은 러시아의 남하를 막는 것이었습니다. 이를 위해 영국은 전쟁비용을 마련하지 못해 쩔쩔매는 일본에 전비를 지원해 주며 러일 전쟁에서 승리할 수 있도록 적극 도왔습니다. 이와 동시에 영국은 다른 나라가 러시아에 전쟁비용을 빌려줄 수 없도록 조치를 취해 러시아를 재정파탄의 위기로 몰아넣었습니다.

영국이 러시아에 가한 가장 치명적인 타격은 발틱함대의 진로를 방해한 것입니다. 러시아에 정박하고 있던 발틱함대는 일본을 공격하기 위해 영국에서 연료용 석탄을 공급받은 후 수에즈 운하를 통해 대한해협으로 진입하려고 했습니다. 하지만 영국 정부는 발틱함대의 자국 내 입항을 일절 허락하지 않았으며, 수에즈 운하 통과마저 금지했습니다. 당시까지만 해도 영국이 이집트 수에즈 운하를 관리하고

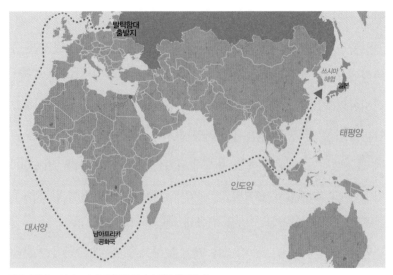

영국의 방해로 남아프리카공화국을 돌아야 했던 발틱함대

있었기 때문에, 발틱함대는 수에즈 운하를 통과해 중동 지역을 거쳐 일본으로 가는 최단 거리 항로를 선택할 수 없었습니다. 발틱함대는 어쩔 수 없이 남아프리카공화국을 돌아 마다가스카르에서 석탄을 공급받고 대한해협까지 가기 위해 엄청난 고생을 해야 했습니다.

영국뿐 아니라 미국 역시 일본 측에 섰습니다. 일본 정부는 전쟁이 일어나자 곧바로 미국 제26대 대통령 시어도어 루스벨트Theodore Roosevelt와 하버드대학 동창이자 친분이 두터웠던 가네코Kaneko를 미국에 보내 친일 여론을 형성해 나갔습니다. 이와 같이 일본은 러시아를 싫어하는 국가들의 전폭적인 후원 아래 전쟁을 치를 수 있었습니다.

1905년 5월 27일 쓰시마對馬島 인근에서 일본 함대는 러시아의 발

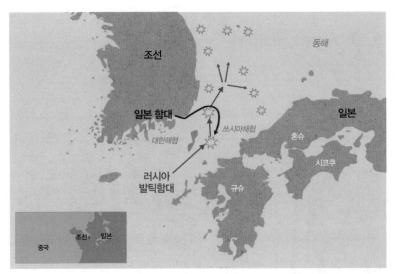

틱함대와 24시간에 걸친 치열한 해전을 벌인 끝에 승리를 거두었습니다. 발틱함대가 일본 함대에 의해 괴멸됨으로써 러시아에 남은 유일한 카드는 협상 테이블에 앉는 것밖에 없었습니다.

일본은 승전의 대가로 제정 러시아가 소유하고 있던 하얼빈哈爾濱* 에서부터 다롄大連 지역에 이르는 남만주 철도 부설권을 빼앗았습니다. 당시 철도 부설권은 철도를 놓는 권리뿐 아니라, 인근 지역에 대한 지배권까지 차지하는 막대한 이권 사업이었습니다.

일본은 남만주 철도 부설권을 차지함으로써 만주에 대한 확실한 지배권을 행사했습니다. 일본은 철도를 부설하던 도중 대규모 철광

---

* 중국 헤이룽장성의 성도로서 중국 내에서 가장 추운 지역 중 하나이다.

일본이 강국의 반열에 올랐음을 증명한 러일 전쟁

산을 발견해 대형 제철소를 짓는 등 만주를 소유함으로써 많은 이득을 챙겼습니다. 당시 일본에서 "만주가 일본의 생명줄이다."라는 말이 나돌 정도로 일본은 만주를 착취하면서 자국의 발전을 도모했습니다.

일본은 러일 전쟁의 승리를 계기로 불패의 신화를 더욱 숭배하게 되었습니다. 일본인들이 가진 불패 신화의 시작은 오래전으로 거슬러 올라갑니다. 13세기경 전 세계를 자신들의 말발굽 아래 두었던 몽골 제국도 일본 원정을 두 차례나 시도했지만, 갑자기 대한해협에 태풍이 불어 결국 일본 정복에 실패하고 말았습니다. 일본 사람들은 세계 최강 몽골 제국 군대를 수장시켜 버린 바람을 일컬어 가미카제神風라고 부르며, 막연하게나마 전쟁에서 결코 지지 않는 불패 신화를 갖게 되었습니다.

세상의 중심, 추축국

일본은 여러 면에서 독일과 비슷한 점이 많습니다. 두 나라는 자원이 거의 없으며 많은 인구에 비해 영토가 비좁습니다. 독일인과 일본인은 근면하기로 손꼽히는 민족으로 자신이 맡은 일에 최선을 다합니다. 또한 손으로 제품을 만드는 장인匠人을 존중하는 오랜 전통이 있어 제조업 분야에서 타의 추종을 불허합니다. 세계적으로 유명한 자동차 브랜드인 독일의 벤츠나 BMW, 일본의 도요타나 혼다 외에도 오늘날 자동차 산업을 주름잡는 업체는 대부분 독일과 일본의 기업입니다.

독일과 일본 같은 후발 산업국은 영국과 프랑스와 달리 충분한 식민지를 갖지 못해 국가발전에 적지 않은 제약을 받았지만, 뛰어난 품질과 상대적으로 저렴한 제품을 바탕으로 수출량을 계속해서 늘려나갔습니다. 그러나 메이지 유신 이후 1920년대까지 고도성장을 거듭하던 일본 경제도 1929년 미국에서 시작된 경제 대공황의 여파로 커다란 위기를 맞게 되었습니다. 경제 대공황이 발생하자 영국과 프랑스는 재빨리 자국 식민지를 착취하면서 경제 위기를 견뎌 냈지만

독일과 손잡은 일본

일본과 독일은 뾰족한 해법을 찾지 못했습니다.

결국 두 나라는 전쟁이라는 극단적인 방법을 동원해 국가적 위기에서 벗어나려고 했습니다. 그런데 이들이 또다시 전쟁을 일으킨다면 영국의 형제 국가인 미국이 참전할 것이 뻔히 예상되었습니다. 이에 독일과 일본은 힘을 합치기로 약속하고 군사동맹을 맺어 영국과 미국에 대항하기로 했습니다. 일본과 독일 그리고 독일을 따르던 이탈리아는 세상의 중심이 되는 동맹이라는 의미의 추축국樞軸國을 이루어, 제2차 세계대전을 일으킨 원흉이 되었습니다. 이들 국가는 긴밀한 협조 속에 세계 정복의 야욕을 불태웠습니다.

1939년 히틀러는 제2차 세계대전을 일으키기 전에 일본 천황에게

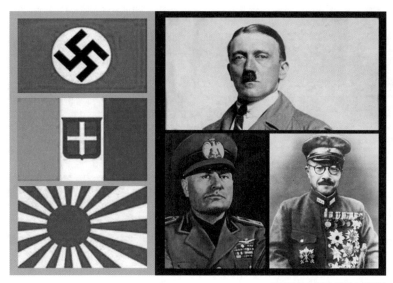

동맹을 맺은 일본, 독일, 이탈리아

소련의 극동 지역을 공격해 달라고 부탁했습니다. 근래 들어 러시아를 이긴 경험이 있는 유일한 국가가 일본이었고, 일본과 독일이 함께 공격하면 제아무리 강한 소련일지라도 어쩔 수 없을 것이라 판단했기 때문입니다. 즉, 히틀러는 독일과 일본의 협공이야말로 거대한 소련을 꼼짝 못하게 할 묘수라고 생각했습니다.

소련의 스탈린은 제2차 세계대전이 일어나기 직전 일본이 쳐들어 올 것에 대비해 많은 수의 군대를 극동에 배치해 놓은 상태였습니다. 하지만 1941년 6월 독일의 소련 침공 이후에도 일본이 참전할 기미를 보이지 않자 극동에 배치했던 군대를 남김없이 스탈린그라드로 보내 독일군을 상대로 격전을 벌였습니다. 당시 소련 극동군 총사령관이 그 유명한 게오르기 주코프였고, 그의 휘하에는 영하 30도에

만주사변을 시작으로 중국 대륙 침략을 시작한 일본

서도 용감히 싸울 수 있는 시베리아 출신 부대가 있었습니다. 독일은 동맹국 일본의 비협조로 인해 소련과의 대결에서 고전을 면치 못했고, 결국 패전의 길로 들어섰습니다.

당시 일본이 독일의 소련 공격 제안을 거절한 것은 제2차 세계대전 이전부터 벌여 온 중국과의 전쟁이 지지부진한 상태였기 때문입니다. 일본은 조선과 중국을 식민지로 만들어 거대한 시장을 독점하려고 했습니다. 이런 원대한 계획의 일환으로 1910년 조선을 차지한 후, 1931년 만주사변*을 일으켜 중국 진출에 나섰습니다. 생각보다

---

* 1931년 류탸오후 사건(柳條湖事件)을 계기로 시작한 일본군의 중국 둥베이(東北) 지방에 대한 침략 전쟁. 일본의 관동군(關東軍)은 둥베이 삼성(三省)을 점령하고 이듬해 내몽골의 러허성(熱河省) 지역을 포함하는 만주국을 수립하였는데, 이것은 그 뒤 중일 전쟁의 발단이 되었다.

중일 전쟁에 나선 일본군

손쉽게 만주를 점령한 일본은 1937년에는 중일 전쟁*을 일으켜 아예 중국 본토를 전부 차지하려는 과도한 욕심을 부렸습니다.

중일 전쟁 초반 일본은 압도적인 화력으로 중국을 매섭게 몰아붙였습니다. 1894년에 일어난 청일 전쟁 때처럼 중국군은 일본군의 적수가 되지 못했지만, 일본이 자국 영토의 25배나 되는 중국 전역을 차지하기란 결코 쉬운 일이 아니었습니다. 100만 명에 이르는 일본군은 도시는 쉽게 점령했지만 농촌까지는 점령하지 못하면서 중국군의 거센 반격에 직면했습니다.

중국의 광활한 영토와 많은 인구를 감안할 때, 일본이 중국을 완전

---

* 1937년 루거우차오(盧溝橋) 사건에서 비롯되어 중국과 일본 사이에 벌어진 전쟁. 일본이 중국 본토를 정복하려고 일으켰는데 1945년에 일본이 연합국에 무조건 항복함으로써 끝났다.

만리장성을 지나는
중국군

히 점령하기란 처음부터 불가능했습니다. 일본은 청일 전쟁 같은 국지전에서는 중국을 물리칠 수 있었지만, 중국 전역을 전쟁터로 삼기에는 그만한 국력을 갖추지 못한 나라였습니다. 일본은 중일 전쟁을 일으키면서 빠르면 한 달, 늦어도 석 달이면 중국 전역을 송두리째 차지할 수 있으리라 판단했지만, 전쟁이 소모전 양상으로 치달으면서 그 끝을 알 수 없게 되었습니다.

중국은 세계 인구의 25% 이상 차지하는 최대 시장으로서 그동안

인도차이나반도로 진격하는 일본군

모든 서구 열강이 눈독을 들이고 있던 곳이었습니다. 유럽뿐만 아니라 미국도 중국 시장을 차지하기 위해 공을 들이던 상황에서 세계 최대 시장을 독점하려는 일본의 탐욕은 다른 강대국을 분노케 했습니다. 그런 가운데 제2차 세계대전이 벌어졌습니다. 유럽에서 시작된 전운은 머지않아 아시아에 상륙해 아시아 전체를 전쟁의 소용돌이에 휘몰아 넣었습니다.

1940년 독일이 프랑스를 침공하자, 프랑스 정부는 식민지를 지키던 군인을 모두 불러들여 본토 방위에 나서도록 했습니다. 이로 인해 프랑스 식민지였던 베트남·캄보디아 등 아시아 남동부에 있는 인도차이나반도 지역에 힘의 공백이 생겨났습니다. 일본은 이때를 절호의 기회라 판단해, 곧바로 인도차이나반도를 침략했습니다.

베트남·캄보디아·미얀마 같은 동남아시아 국가들은 빼곡한 밀림을 가진 나라이기 때문에 일본이 이들 국가를 정복하면 충분한 양의 목재를 공급받을 수 있었습니다. 목재는 집이나 건물을 지을 때 널리 사용되지만 전함 같은 무기를 만들 때도 반드시 필요한 주요 물자였습니다. 일본은 프랑스 군대가 떠난 인도차이나반도를 별다른 어려움 없이 차지했습니다. 그러나 이는 서구 열강, 특히 일본의 팽창을 우려 섞인 시선으로 바라보던 미국의 분노를 불러일으켰습니다.

미국 정부는 중일 전쟁이 일어난 이후 일본이 중국 전역을 정복하는 것을 막기 위해 엄청난 물량의 전쟁물자를 중국 측에 지원해 주고 있었습니다. 이에 화가 난 일본 정부는 미국에 앙심을 품고 있었지만 보복할 방법을 찾지 못하고 있었습니다. 이처럼 양국의 사이가 좋지 않은 상황에서 일본이 인도차이나반도를 점령하며 아시아 정복에 대한 발톱을 드러내자, 미국은 '원유 수출 금지'라는 특단의 대책을 내놓았습니다.

전쟁 찬성론과 반대론

일본군이 인도차이나반도를 침략하기 이전, 일본 내에서는 전쟁에 반대하는 목소리가 적지 않았습니다. 전쟁에 반대하는 이들은 일본의 인도차이나반도 침공에 대한 보복 조치로 미국이 석유 수출을 금지한다면 감당할 수 없는 피해가 발생한다고 주장했습니다. 하지만 이들의 주장은 침략 찬성파의 목소리에 묻혀 버리고 말았습니다. 침략 찬성파는 인도차이나반도가 미국의 식민지가 아니기 때문에 별다른 문제가 없을 것이라고 주장했습니다.

미국의 수출 규제로 석유 수입에 큰 차질을 빚은 일본

하지만 일본에 대한 미국의 석유 수출 금지 조치는 일본에 사형선고를 내린 것이나 다름없었습니다. 석유 한 방울 나지 않는 일본은 당시 세계 최대 산유국이었던 미국에서 대부분의 석유를 수입했습니다. 미국에서 수입한 석유로 전함, 항공기 등 각종 무기를 가동시켜 게릴라전을 펼치는 중국과 전쟁을 치르고 있던 와중에 미국이 일방적으로 석유 공급을 중단하자 일본은 패전의 위기에 몰렸습니다. 당시 석유 보유량이 석 달 치도 남지 않았던 일본은 대책을 마련하지 못할 경우 중일 전쟁은 고사하고 석유로 가동되던 일본 내 모든 공장과 차량이 멈출 수밖에 없는 극한의 상황에 내몰릴 처지였습니다.

전면적인 석유 수출 금지로도 직성이 풀리지 않은 미국 정부는 미국 내 일본 자산을 모두 동결 조치했습니다. 자산동결 조치란 자산을 현존상태 그대로 두고 이동·사용을 금지하는 것으로, 상대국 정부와 그 국민이 자산을 처분할 수 없도록 하는 일종의 경제봉쇄 수단이며, 상대국의 자산 처분권을 일시적으로 박탈하려는 데 그 목적이 있습니다. 이 조치로 인해 미국에 진출해 있던 모든 일본 기업은 은행에서 달러 인출이 불가능해 파산에 직면하게 되었습니다.

미국이 건국된 이래 특정 국가에 대해 이처럼 광범위하고 주도면밀하게 경제봉쇄 조치를 취한 적은 결코 없었습니다. 당시 일본 제품 수출시장의 40% 이상을 차지하던 미국이 일본에 대해 초강력 경제제재를 취함에 따라, 일본은 예상치 못한 경제 붕괴 위기에 내몰렸습니다. 일본의 천황과 군 수뇌부는 대책 마련에 부심했습니다. 미국의 요구대로 인도차이나반도와 중국에서 물러난다면 미국으로부터 석유는 공급받을 수 있지만, 그간의 노력이 물거품으로 돌아가는 최악의 국면에 놓일 수밖에 없었습니다.

1937년 중일 전쟁이 시작된 이후 일본 정부가 해마다 막대한 전쟁비용을 지출하면서 일본 국민들의 불만은 하늘을 찌르고 있었습니다. 천황이 무리하게 벌인 중일 전쟁으로 인해 무수히 많은 젊은이가 중국 땅에서 쓰러져 갔고, 천문학적인 전쟁비용을 대느라 국민들의 생활은 날이 갈수록 팍팍해졌습니다. 그런데도 일본 국민들이 수년 동안 모진 시간을 감내할 수 있었던 것은 승전 후 기대되는 엄청난 이익 때문이었습니다.

일본 정부는 중일 전쟁을 일으키면서 "1억 명에 육박하는 사람이 모여 살기에는 일본 열도가 너무 좁다. 중국 대륙만 점령하면 일본인들은 중국인을 하인으로 부리며 중국에서 여유롭게 살 수 있게 된

군수물자 제조를 통해 막대한 돈을 번 일본 재벌

다."라는 그럴싸한 대의명분을 내세우며 국민들을 설득했습니다. 이러한 상황에서 일본군이 중국과 인도차이나반도에서 아무런 성과 없이 철수한다면 국민들의 원성을 감당할 길이 없었습니다.

한편, 일본이 청일 전쟁 이후 전쟁을 통해 경제성장을 이룩하는 과정에서 미쓰비시Mitsubishi, 가와사키Kawasaki 같은 거대 재벌들이 등장해 국가경제에 지대한 영향을 미치고 있었습니다. 일본 재벌들은 군수물자 생산을 통해 막대한 이윤을 누리고 있었기 때문에, 계속해서 전쟁이 벌어지기를 누구보다 간절히 원했습니다. 그들은 정치인과 결탁해 전쟁을 부추기는 분위기를 조성해 나갔습니다.

또한 일본의 국부가 극소수 재벌에게 편중되면서 빈부 격차가 역사상 최고치를 기록해 일본 국민들의 불만이 고조되고 있었고, 따라서 재벌 입장에서는 분위기 반전이 반드시 필요한 상황이었습니다. 미쓰비시 · 미쓰이Mitsui · 스미토모Sumitomo · 야스다Yasuda 등 4대 재벌이 일본 국부의 절반가량을 차지하고 있을 정도로 당시 일본은 극소수 재벌에 경제력이 집중되어 있었습니다. 대졸 신입사원의 초봉과 일본 최대 재벌 미쓰비시 사장의 연봉이 무려 1만 배나 차이가 날 정도로 일본의 소득 양극화는 심각한 상태였습니다. 상황이 이렇다 보니 당시 극심한 생활고에 시달리던 서민들 사이에서는 "이렇게 궁상맞게 살 바에야 차라리 전쟁이라도 하면 좋겠다."라는 말이 공공연히 나돌았습니다.

당시 일본의 군사력은 미국에 비해 크게 떨어지지 않는 수준이라 승전에 대한 기대감도 꽤 있었습니다. 실제로 일본은 해군 전력의 핵심인 항공모함을 6척이나 보유하고 있어 미국이 보유한 대수와 같았습니다. 더구나 한창 건조 중인 야마토 전함은 그 크기가 미국 전함의 두 배가 넘어 천하무적으로 평가받고 있었습니다. 신으로 떠받드는 천황의 말 한마디면 순식간에 500만 명 이상의 군인을 모을 수 있었고, 여성과 어린이까지도 군수물자 생산에 동원할 수 있었습니다. 따라서 전쟁 찬성파들은 일본에서 가장 가까운 미국 영토인 태평양 위의 하와이 진주만에서 한판 붙어볼 만하다고 판단했습니다.

특히 호전적인 강경파가 많은 일본 육군 수뇌부는 미국과 태평양

일본 해군의 항공모함

세계 최강의 전함으로 불리던 야마토

전쟁을 주도한 일본 육군 수뇌부 도조 히데키 내각

에서 일전을 벌일 것을 천황에게 적극적으로 주장했습니다. 육군 수뇌부는 전쟁이 일어나야만 비로소 군인들이 득세하는 세상이 된다는 점을 일찍부터 깨닫고 있었기에 승산이 조금이라도 있으면 무조건 전쟁을 일으키려 들었습니다. 당시까지만 해도 일본군은 육군 위주로 구성되었기 때문에 전쟁의 이익을 가장 많이 누리게 될 집단이 바로 육군 수뇌부였습니다.

반전을 외친 일본인

육군 수뇌부와 재벌이 언론을 동원해 미국과의 전쟁 분위기를 조성하고 있었지만 모든 일본인이 전쟁에 동조한 것은 아니었습니다. 당시 일본에는 반전 평화를 외치는 적지 않은 수의 지식인이 있었습니다. 이들은 일본이 '단지 잘 살기 위해' 다른 나라를 침략하는 일에 극구 반대했으며, 미국과의 전쟁은 결국 일본을 파멸의 길로 이끌 것이라고 생각했습니다.

미국과의 전쟁을 반대한 야마모토 해군 대장

일본 해군도 미국과의 전쟁을 반대했습니다. 특히 야마모토 이소로쿠山本五十六 해군 대장은 군대 내 반전활동을 주도하며 사람들의 이목을 끌었습니다. 야마모토는 하버드대에서 수학한 일본 군부 내 보기 드문 엘리트였습니다. 그는 러일 전쟁의 백미였던 쓰시마 해전에서 승리를 이끌었으며, 제1차 세계대전에서 일본이 승전국이 되는 데 결정적인 기여를 했습니다.

야마모토는 중일 전쟁에서도 큰 전과를 올려 일본 해군 역사에 길이 남을 군인의 반열에 올라 있었습니다. 그는 전쟁에 관한 한 누구보다도 해박하고 경험이 많았지만 미국과의 전쟁만큼은 반대했습니다. 미국에서 유학하는 동안 미국이 어떤 나라인지 여실히 알게 되었기 때문입니다.

유학 시절 그의 눈에 비친 미국은 끝없이 펼쳐진 광활한 영토가 대부분 옥토라서 곡물이 잘 자라고 전 세계를 다 먹여 살릴 수 있을 만큼 엄청난 식량 생산이 가능한 나라였습니다. 또한 석유·석탄·철강 등 전쟁물자 생산에 필요한 모든 자원을 넘치도록 보유하고 있었습니다. 하버드·프린스턴·MIT·스탠퍼드 등 세계 최고 수준의 명문 대학에서 해마다 많은 인재가 쏟아져 나와 인적자원 역시 타의 추종을 불허했습니다.

미국 북동부 오대호 연안에 끝없이 펼쳐진 공업지대에서는 매년 엄청난 양의 자동차, 철강 등 각종 제품이 쏟아져 나왔습니다. 미국과 전쟁을 벌여야 한다는 여론이 들끓은 1941년을 기준으로 볼 때, 미국은 일본에 비해 함선 건조능력 5배, 항공기 생산능력 5배, 석탄 10배, 강철 20배, 차량 100배 등 모든 면에서 일본을 압도했습니다. 특히 전쟁의 승패를 가르는 석유의 경우, 미국은 반나절이면 일본의 연간 소비량을 생산해 낼 수 있을 정도로 막강한 생산력을 갖추고 있었습니다.

이 같은 미국의 엄청난 잠재력을 야마모토는 누구보다 속속들이 알고 있었기 때문에 전쟁을 필사적으로 반대했지만, 자국의 능력을 과신하고 있던 대다수 일본인은 미국과의 전쟁을 강력히 원했습니다.

미국과의 전쟁 여부를 결정짓기 위한 군사령관 전체 회의에서도 야마모토는 "미국과의 전쟁에서 승세를 유지할 수 있는 기간은 기껏해야 1년도 되지 않을 것이며, 결국에는 일본이 질 것이다."라고 말해 육군 강경파의 거센 항의를 받기도 했습니다. 현실주의자 야마모토가 강력하게 전쟁을 반대하자, 육군 강경파는 그를 암살하려는 계획을 세우기도 했습니다. 극우 성향이 주류를 이루던 일본 언론들은 연일 야마모토와 해군을 겁쟁이로 몰아붙이며 전쟁을 부추겼고, 야마모토의 의견은 육군 강경파에 의해 철저히 묵살되었습니다.

불붙은 태평양 전쟁

일본 내에서 미국과의 전쟁을 두고 치열한 설전이 벌어질 때 논란을 종식시킨 사람은 천황이었습니다. 일본의 능력을 과신한 천황은 전쟁을 결정했습니다. 그때까지 일본은 몽골 제국·중국·러시아 등 전 세계 내로라하는 강대국을 상대로 승리를 거두었기 때문에 천황은 미국과의 전쟁에서도 승리할 수 있을 것이라는 막연한 믿음을 가지고 있었습니다.

미국과의 전쟁을 선택한 히로히토 천황

천황은 반전론자였던 야마모토를 연합함대* 사령관으로 임명해 미국 침략의 선봉에

---

* 연합함대는 일반적으로 함대의 연합이라는 뜻이지만, 일본에서는 제국주의 시절 해군 함대를 뜻한다.

미 해군 태평양 함대의 거점이었던 진주만

서도록 했습니다. 야마모토는 국력이 약한 일본이 미국과 장기전을 벌이면 이길 수 없다는 사실을 누구보다도 잘 알고 있었기 때문에 단기전으로 전쟁을 끝내려고 했습니다. 이를 위해 그는 일본 함대를 총동원해 기습공격으로 하와이 진주만에 있던 미국 태평양 함대를 궤멸시키고자 했습니다. 진주만은 아시아-태평양 지역을 관할하는 태평양 함대의 본거지로서 항공모함을 비롯하여 미 해군의 주력 군함들이 머물던 핵심 기지였습니다.

야마모토는 기습공격으로 진주만에 정박 중이던 태평양 함대 소속 항공모함 등 모든 군함과 대규모 유류 저장고, 항만 시설을 모조리 파괴한다면 미국이 분명 일본과의 협상 테이블에 나올 것이라고 판

진주만 공습에 나서는 일본군

단했습니다. 미국 본토와 일본은 거리가 너무 멀어 미국에 있는 태평양 함대가 단번에 일본에 도달할 수 없을 터이니, 진주만만 파괴하면 미국으로부터의 공격을 한동안 걱정할 필요가 없다고 생각했던 것입니다. 즉, 일본이 협상 테이블에서 미국에 큰소리치려면 미국 태평양 함대의 중간 기착지인 진주만을 완전히 초토화해야 했습니다.

1941년 11월 26일 야마모토는 6척의 항공모함에 함재기 441대를 싣고, 전함 2척 · 순양함 4척 · 구축함 9척 · 잠수함 5척의 호위를 받으며 진주만을 향해 출발했습니다. 같은 해 12월 7일(일본시간 12월 8일) 새벽 긴 항해 끝에 일본 함대는 진주만 인근에 도착했습니다. 이후 300대가 넘는 전투기와 폭격기가 일제히 항공모함을 이륙해 진주만

침몰 중인 미 해군 전함 아리조나호

을 공습했습니다. 당일은 마침 일요일이어서 미국 군인들이 숙소에
서 휴식을 취하고 있었습니다. 게다가 일본이 선전포고도 하지 않았
기 때문에 미국은 일본의 공습을 전혀 예상하지 못했습니다.

일본은 진주만 공습을 통해 미국 전함 4척·순양함 3척·구축함 3
척·전투기 188대를 파괴하는 성과를 올렸습니다. 진주만을 초토화
하는 동안 일본은 전투기 29대만 잃었을 뿐 별다른 피해를 입지 않아
겉으로만 보면 일본의 기습작전은 대성공이었습니다. 항공모함으로
돌아온 전투기 조종사들은 작전이 성공했다고 생각해 서로 부둥켜안
으며 기쁨을 나누었지만, 사령관 야마모토의 표정은 굳어 있었습니
다. 그의 판단으로는 진주만 습격이 실패한 공격에 지나지 않았기 때
문입니다.

진주만 공습의 가장 큰 목적은 미국 항공모함을 파괴하는 것이었

엄청난 피해를 입은 미 해군

습니다. 태평양 함대 소속 항공모함을 모조리 파괴해야만 미국이 일본 본토를 공격할 수단이 사라지기 때문입니다. 당시 세 척의 태평양 함대 소속 항공모함이 진주만을 모항母港으로 삼아 활동했는데, 습격 당일 진주만에는 항공모함이 한 척도 정박되어 있지 않았습니다. 두 척은 훈련을 나갔다가 진주만의 기상 여건이 좋지 않아 하루 늦게 입항하게 되었고, 나머지 한 척은 수리를 위해 미국 본토에 있었습니다.

미국의 항공모함이 건재하다는 것은 언제든지 일본을 공격할 수 있다는 의미이고, 이는 최악의 상황이었습니다. 또한 일본 조종사들은 미군의 연료 저장고를 파괴하지 않은 실수를 저질렀습니다. 당시 진주만의 유류 저장고에는 무려 500만 배럴 이상의 휘발유 등 각종 인화성 물질이 저장되어 있어, 유류 저장고를 폭발시켜야 하와이 전체를 불바다로 만들 수 있었습니다. 하와이 전체를 태워 버린다면 미국은 진주만의 군사시설을 재건하는 데만 상당한 시간이 필요할 테고, 일본은 그만큼의 시간을 벌 수 있었습니다.

그러나 항공모함과 유류 저장고 모두 건재한 상태에서 진주만 습격이 끝났기 때문에 일본은 머지않아 미국의 반격에 직면할 수밖에 없었습니다. 진주만 습격이 끝나고 모두가 기쁜 마음에 들떠 있을 때 야마모토는 "우리는 잠자는 사자를 건드렸을 뿐이다."라며 크게 탄식했습니다. 진주만 습격 소식이 일본에 전해지자 일본 열도는 열광의 도가니가 되었습니다. 극우 언론들은 진주만 습격에서 일본군의 피해가 미미한 점을 들어 공격이 대성공이라고 평가하며 국민들을 선동했습니다.

진주만 공습에 나섰던 일본 함대는 1941년 12월 23일 항공모함도, 전함도 단 한 척도 잃지 않고 일본으로 돌아와 일본인들의 뜨거운 환영을 받았습니다. 동시에 야마모토는 국민적 영웅으로 떠올라 천황 다음으로 존경받는 인사가 되었습니다.

깨어난 거인, 미국

진주만 공격에 앞서 사령관 야마모토는 미국에 최후통첩과 함께 선전포고를 해줄 것을 일본 정부에 요청했습니다. 그는 "잠자는 사람을 베는 것은 사무라이의 도리가 아니다."라고 말하며 전쟁에도 지켜야 할 도리가 있다고 믿었습니다. 하지만 일본 정부는 진주만 공습이 시작되고 1시간 뒤에야 습격 사실을 알려, 사실상 선전포고를 하지 않은 것과 다름없었습니다.

진주만 폭격을 마치고 돌아오는 길에 이 사실을 알게 된 야마모토는 큰 충격을 받았습니다. 오랜 미국 유학생활을 통해 야비한 행동은 결코 용서하지 않는 미국인의 특성을 누구보다 잘 알고 있었기 때문입니다. 심지어 최악의 독재자 히틀러도 미국을 상대로 점잖게 선전포고를 하고 나서 전쟁을 일으켰습니다.

야마모토의 예상대로 일본의 비열한 행동에 모든 미국인이 격분했습니다. 프랭클린 루스벨트 대통령은 대국민 연설을 통해 일본을 강도 높게 비난하고, 미국이 정식으로 제2차 세계대전에 참여한다는 것을 전 세계에 선언했습니다. 하지만 전쟁 준비에는 굉장히 많은 시간이 필요하기 때문에 프랭클린 루스벨트 대통령은 그 전에 미국인의 분노를 일본에 보여주고 국민들의 사기를 높일 특단의 대책을 내놓아야 했습니다.

프랭클린 루스벨트는 미군에 '도쿄 공습'을 명령했지만 작전을 수행하기란 불가능에 가까웠습니다. 도쿄를 공습하려면 폭격기를 실은 미국 항공모함이 일본 근해까지 접근해야 하는데, 당시 최고 수준의 일본 해군력을 감안하면 이 작전은 위험천만한 일이었습니다. 미 해군이 보유한 항공모함 단거리 함재기는 작전반경이 500킬로미터밖에 되지 않아, 항공모함에서 이륙해 일본 영토에 도달하기도 쉽지 않은 상황이었습니다. 미군 수뇌부는 할 수 없이 작전반경이 1,000킬로미터 이상인 육군 폭격기로 일본 본토를 폭격하는 계획을 세워야 했지만 풀어야 할 문제가 한둘이 아니었습니다.

우선, 일본 앞바다를 수비하는 일본 군함 때문에 미국 항공모함은 일본 영토에 접근할 수 없었습니다. 따라서 육군 폭격기는 육지와 한참 떨어진 곳에서 이륙해야 했습니다. 더구나 미국 육군 폭격기가 일본 영토에 폭격을 개시할 경우 일본 해군 함대가 미국 항공모함을 곧바로 추격할 것이 뻔했기 때문에, 일단 육군 폭격기가 발진하고 나면 미국 항공모함은 전속력으로 도주해야 했습니다. 이는 일본을 폭격하러 간 미 육군 폭격기가 항공모함으로 다시 돌아올 수 없음을 의미했습니다. 따라서 일본 본토 공격에 나서게 될 미군들은 사실상 국가를 위해 자살 공격을 단행해야 하는 극한 임무를 감당해야 했습니다.

둘리틀 장군의 도쿄 공습

태평양 전쟁의 가장 위험한 임무를 맡을 미군 책임자로 선택된 사람은 제임스 해럴드 둘리틀James Harold Doolittle 중령이었습니다. 둘리틀 중령은 캘리포니아주 출신으로 명문 버클리대학 졸업 후 1925년 매사추세츠 공과대학_{MIT}에서 항공공학 분야 박사학위를 받은 엘리트였습니다. 1930년 육군에서 전역해 예비역이 된 그는 제2차 세계대전이 일어나자 국가의 부름을 받고 현역 전투기 조종사로 복귀했습니다.

도쿄 공습작전 임무를 부여받은 둘리틀 중령

둘리틀은 미국 전역 기지에 흩어져 있던 폭격기 조종사 중에서 '도쿄 공습'에 참가할 최고의 인재를 끌어모았습니다. 이 작전은 목숨을 내놓아야 하는 위험천만한 일이기 때문에 본인이 원하지 않을 경우 작전에서 제외될 수 있었지만, 둘리틀의 작전 참가 제안을 거절한 사람은 한 명도 없었습니다.

이후 둘리틀은 무게 때문에 긴 활주로를 필요로 하는 B-25 육군 폭격기를 활주로 길이가 짧은 항공모함에서 이륙시켜야 하는 문제를 해결해야 했습니다. 그는 플로리다 기지에 항공모함과 동일한 150미터 길이의 활주로를 만들어 놓고 이륙 연습을 했지만, 거리가 너무 짧아 육중한 B-25 폭격기를 도저히 이륙시킬 수 없었습니다.

둘리틀은 육군 폭격기의 중량을 줄이기 위해 고육지책으로 방어용 무기를 모두 떼어 내기로 결정했습니다. 이는 사실상 무방비 상태로

목숨을 건 도쿄 공습 임무에 나선 미군 조종사들

적진에 뛰어드는 무모한 일이었지만 폭격기를 띄우려면 선택의 여지가 없었습니다. 그래도 무게가 초과되자 교신용 무전기까지 떼어 버렸습니다.

비행에 필요한 장비를 제외한 모든 부품을 떼어낸 B-25 폭격기는 항공모함 위에서 겨우 날 수 있을 정도로 가벼워졌지만, 조종사의 생존 가능성은 더욱 희박해졌습니다. 둘리틀 중령은 조종사들에게 일본 본토에 포격을 가한 후 일본과 적대관계에 있는 중국 땅에 각자 알아서 비상착륙을 할 것을 지시했습니다. 이 방법은 사실상 행운에 운명을 맡기는 무모한 작전이었습니다.

1942년 4월 2일 80명의 둘리틀 특공대를 태운 항공모함 호넷Hornet

이 위험한 비밀 작전을 수행하기 위해 샌프란시스코 해군기지를 빠져나와 일본으로 향했습니다. 4월 18일 항공모함 호넷은 도쿄와 1,000킬로미터 이상 떨어진 곳에서 운 없게도 일본 순시선에 발각되었습니다. 그곳은 당초 예상했던 것보다 300킬로미터나 도쿄에서 더 떨어져 있었기 때문에, 폭격 후 중국까지 갈 수 있는 연료가 너무 빠듯한 거리였습니다. 더구나 해상에는 시속 30킬로미터 넘는 풍랑이 세차게 몰아쳐 비행기를 띄우기도 쉽지 않았습니다.

　이 상황에서 둘리틀 중령이 할 수 있는 일이라고는 작전을 포기하고 돌아가느냐, 아니면 목숨을 걸고 악천후 속에 무리하게 폭격기를 이륙시키느냐 하는 선택뿐이었습니다. 둘리틀 중령뿐 아니라 대원들 모두 작전을 그대로 수행하기를 강력히 원했습니다. 마침내 거대한 풍랑 속에서 둘리틀 특공대가 맞바람을 헤치면서 아슬아슬하게 갑판을 박차고 하늘을 향해 떠올랐습니다. B-25 폭격기에는 강력한 225

항공모함에서 이륙시키기에는 육중한 B-25 폭격기

무장도 없이 도쿄 폭격에 나선 둘리틀 특공대

킬로그램짜리 폭탄 4개가 장착되어 있었습니다. 16대의 폭격기 중 13대가 도쿄 공습에 나서고 나머지는 인근 도시를 폭격하기로 예정되어 있었습니다.

둘리틀을 필두로 특공대가 발진을 완료함과 동시에 항공모함 호넷은 쏜살같이 달아났고, 얼마 후 도쿄 상공에 도착한 폭격기들은 무차별 공격을 가했습니다. B-25 폭격기가 폭탄을 투하하는 데 걸린 시간은 불과 30초에 지나지 않았지만 폭격의 여파는 엄청났습니다. 일본은 개국 이후 단 한 번도 적국의 폭격을 받은 적이 없었기 때문에 대다수의 일본 사람은 미군의 폭격으로 엄청난 정신적 충격을 받았습니다. 천황 또한 언제라도 자신이 미군의 폭격 대상이 될 수 있다

일본군에게 사로잡힌 둘리틀 특공대원

는 사실에 공황 상태가 되었습니다.

폭격을 마친 둘리틀 특공대는 3,700킬로미터를 더 비행한 후 대부분 중국 동북부 지역에 불시착하거나 폭격기를 버리고 낙하산으로 탈출했습니다. 그 과정에서 4명이 목숨을 잃었고 8명은 불행하게도 일본군이 점령하고 있던 지역에 떨어져 포로가 되었습니다. 일본군 포로가 된 미군 중 장교 3명은 처형되었고 나머지 5명은 수감되었습니다. 수감자 중 1명은 731부대* 생체실험에 동원되어 처참한 죽음을 맞이했습니다. 비극적 운명을 맞은 대원들을 제외한 나머지는 중

---

* 제2차 세계대전 동안 일본군이 세균전을 벌이기 위해 만든 특수부대. 조선인, 중국인, 몽골인 등을 대상으로 한 잔인무도한 생체실험으로 악명을 떨쳤다.

중국에 비상착륙한
둘리틀 특공대

루스벨트 대통령으로부터 명예 훈장을 받는 둘리틀 준장

국 사람들의 도움으로 얼마 후 미국으로 살아 돌아갈 수 있었습니다.

생환에 성공한 둘리틀 중령과 대원들은 국민적 영웅이 되었고 2계급 특진을 하는 영광을 누렸습니다. 전쟁에서 큰 전과를 올려도 1계급 특진하기가 쉽지 않은 점을 감안하면, 2계급 특진은 미국 역사상 유례없는 일이었습니다. 중령에서 준장으로 특진한 둘리틀과 대원들 모두 폭격 이후에도 계속해서 전투에 참여해 전쟁이 끝날 때까지 싸웠습니다. 도쿄 공습 성공 소식이 언론을 통해 전해지면서 미국 국민들은 진주만 기습의 악몽을 조금이나마 덜어 낼 수 있었습니다.

암호해독전

일본 제국의 심장인 도쿄가 공습을 당하자, 생명에 위협을 느낀 천황은 미군이 다시는 일본을 폭격하지 못하도록 조치하라는 명령을 일본군 수뇌부에 내렸습니다. 이에 야마모토는 전쟁의 승패를 가르는 미국 항공모함과의 일전을 준비했습니다. 미국 역시 일본과의 전쟁 준비에 박차를 가하고 있었습니다. 양측은 대규모 전투를 준비하면서 치열한 암호해독전에 돌입했습니다. 적군의 암호를 해독하는 순간 적군의 전략을 훤히 꿰뚫을 수 있기 때문에, 미군이나 일본군 모두 상대방의 암호해독에 혈안이 되어 있었습니다.

수학을 활용한 일본군의 암호는 복잡하기 그지없어 해독하기 매우 난해했는데, 미국 해군 첩보부대의 괴짜 대원들이 마침내 일본군의 암호를 해독하는 데 성공했습니다. 미 해군 첩보대 소속 암호해독 요원들은 해군에서 가장 창의적인 인재들로, 군인 신분임에도 불구하고 아무런 제약을 받지 않고 생활했습니다. 이들은 자신이 원하는 아무 때나 출근할 수 있었고 군복을 입지도 않았으며, 군인처럼 머리를 자르고 다닐 필요도 없었습니다.

암호해독 요원들은 어깨까지 내려오는 장발에다 요란한 사복을 입고 군화 대신 슬리퍼를 신고 군대 안을 활보했지만, 그 누구의 제재도 받지 않았습니다. 틀에 매이지 않는 자유분방한 사고를 하는 사람만이 적국의 복잡한 암호를 해독할 수 있다는 것이 미군 수뇌부의 열린 생각이었습니다. 일본군의 암호를 해독한 이후 미국은 일본군의 이동을 손바닥 보듯이 자세히 알 수 있게 되어, 전쟁에서 유리한 고지를 점하는 듯했습니다.

하지만 일본의 천재 수학자들이 곧이어 미군의 암호를 모조리 해독

제2차 세계대전 때 사용된
일본군의 숫자 암호

하면서 미국의 우위가 순식간에 사라져 버렸습니다. 이에 미국은 일본이 절대로 해독할 수 없는 암호를 만들기로 작심하고 연구 끝에 나바호Navajo 암호를 만들어 냈습니다. 나바호 암호란 뉴멕시코주·애리조나주·유타주 등 미국 남서부에 살던 인디언 부족인 나바호Navajo족의 언어로 만든 암호를 말합니다. 나바호족 언어는 매우 복잡하고 난해해 그들 이외에는 알아들을 수 있는 사람이 없었습니다.

사실 미국이 인디언 언어로 암호를 만든 것은 이때가 처음이 아닙니다. 제1차 세계대전 때도 미국은 체로키 인디언이 사용하는 언어를 이용해 암호를 만들어 큰 효과를 거둔 적이 있습니다. 당시 미국은 독일의 암호를 해독해 냈지만 독일은 미국의 암호를 도저히 해독할 수 없었습니다. 독일에는 체로키 인디언이 한 명도 살지 않았기 때문입니다. 히틀러는 제1차 세계대전에서의 실패를 거울삼아 제2차 세계대전 시작 전에 독일 언어학자들을 미국으로 보내 체로키 인디언의 언어를 익히도록 했습니다.

이로 인해 더 이상 체로키 인디언 언어를 사용할 수 없게 되자, 미국 정부는 체로키 언어보다 훨씬 난해한 나바호족 언어를 암호로 채택했습니다. 하지만 나바호족 인디언 말로 암호를 만드는 일은 생각보다 쉽지 않았습니다. 다른 어떤 인디언 부족보다도 평화로웠던 나바호족 언어에는 전쟁과 관련된 용어가 없어 새로 말을 만들어 내야 했기 때문입니다. 이에 따라 전투기는 '새', 폭탄을 잔뜩 실은 폭격기는 '알을 밴 새', 잠수함은 '강철 물고기', 탱크는 '거북이' 등 무기의 특성에 맞게 새로운 단어가 만들어졌습니다.

미국 남서부의 극소수 인디언 부족인 나바호족

일본과의 전쟁에서 암호병으로 참전해 큰 역할을 수행한 나바호족

미국인들로부터 뒤늦게나마
공로를 인정받은
나바호족 암호병

　나바호 암호가 완성되자 미국 정부는 전쟁터에서 암호 교신을 주고받을 400여 명의 나바호 인디언을 군인으로 차출해 최전선에 투입했습니다. 아무리 복잡한 수학적 암호도 불과 며칠 만에 척척 풀어내던 일본 암호해독 전문가들도 나바호 말로 교신을 주고받는 암호를 해독할 수는 없었습니다. 일본인들이 듣기에 나바호 인디언 암호병의 교신은 목청을 떨면서 발음하는 괴상한 소리에 지나지 않았습니다.

　포탄이 쏟아지는 최전선에서 활동해야 하는 나바호족 암호병들은 적지 않은 희생을 감수해야 했습니다. 미군 수뇌부는 나바호족 암호병이 일본군에 의해 생포될 경우 암호가 유출될 수도 있기 때문에 위기상황이 닥치면 나바호족 암호병을 사살하라는 명령을 일선 부대에 내리기도 했습니다. 다행히도 전쟁이 끝날 때까지 단 한 명의 나바호

족 인디언도 일본군에게 생포되지 않아 전쟁 기간 내내 미군의 암호
는 뚫리지 않았습니다.

2000년, 미국 제42대 대통령 빌 클린턴Bill Clinton은 의회의 인준을 거
쳐 나바호족 암호병들에게 최고의 명예 훈장을 수여하며 뒤늦게나마
그들의 헌신에 고마움을 표현했습니다.

미드웨이 해전

애당초 야마모토의 계획은 미국 태평양 함대 소속 항공모함 세 척
을 모두 격침시키고 진주만을 완전히 파괴한 후, 미국과 평화협정을
맺는 것이었습니다. 하지만 일본의 기습을 받은 미국이 평화회담은
커녕 국력을 총동원해 일본을 응징하기로 결정함에 따라 일본은 다
시 한 번 미국에 일격을 가해야 하는 처지에 몰렸습니다.

더구나 1942년 4월 미국 육군 폭격기의 '도쿄 대공습'은 그동안 일
본 내에 널리 퍼져 있던 낙관적인 분위기를 일순간에 사라지게 만들
었습니다. 미군 폭격기가 언제든지 일본 열도를 강타할 수 있는 상황
에서 가장 확실한 방어책은 미국 태평양 함대 소속 항공모함을 모두
격침시키는 것이었습니다. 제아무리 미국의 국력이 강하더라도 항공
모함이 없다면 태평양을 건너올 수 없기 때문입니다.

야마모토는 미국 항공모함을 침몰시키기 위해 태평양 한복판에 있

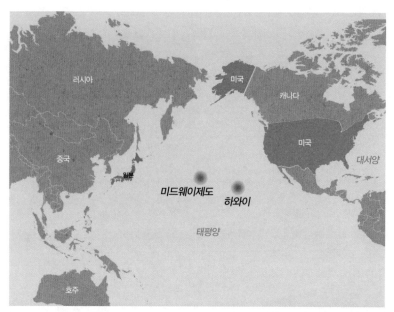

태평양 한가운데 있는 미드웨이제도

는 미드웨이제도*를 점령하기로 결정했습니다. 미드웨이제도는 하와이 인근에 있는 두 개의 작은 섬으로 미군의 초대형 유류 저장고와 비행기 활주로가 있어, 일본이 점령할 만한 전략적 가치가 충분히 있었습니다. 일본군이 전략적 요충지인 미드웨이를 점령하려고 할 경우 미국 태평양 함대는 이를 막기 위해 출동할 것이고, 바로 그때 미국 항공모함을 모두 격침시키는 것이 야마모토의 계획이었습니다.

  양측 전함 간의 포격전을 통해 승부를 가리는 전통적인 해상전은

---

* 태평양 중부, 하와이 북서쪽에 있는 제도. 1942년 이곳에서 일본 함대와 미국 함대가 맞붙어 미군 항공모함에서 발진한 해군 항공기에 의해 일본 함대가 치명적인 패배를 당했다.

전략적 요충지 미드웨이제도

일본이 세계에서 가장 앞서 있었던 까닭에 야마모토는 나름대로 승리에 대한 자신감이 있었습니다. 러일 전쟁에도 참전했던 야먀모토는 당시 일본군 전함이 러시아 발틱함대를 무너뜨리는 장면을 생생히 목격했기 때문에 그때의 영광을 다시 한 번 재현할 수 있으리라 확신했습니다.

야마모토는 진주만 공습에 참여했던 항공모함 4척에 함재기 248 대를 싣고, 일본 최고의 전투기 조종사를 대거 차출해 최고의 전투력을 갖추었습니다. 여기에 최신예 전함 두 척을 필두로 순양함 4척, 구

미드웨이 해전에 나선 미국 항공모함

미드웨이에 출격한
일본군 항공모함

축함 8척 등 일본이 동원할 수 있는 대부분의 군함을 총동원해 태평양 전쟁의 운명을 결정하는 미드웨이 해전에 나섰습니다. 일본의 출전에 맞서 미국 역시 진주만 공습의 피해를 입지 않은 항공모함 3척에 함재기 233대를 싣고 순양함 8척, 구축함 15척과 함께 미드웨이로 향했습니다. 객관적인 전력은 항공모함이 1척 더 많은 일본이 우위에 있었습니다.

미국 태평양 함대는 일본군 암호해독을 통해 대략적이나마 일본 함대가 태평양으로 출정한 것은 알고 있었지만 정확한 위치는 알지 못했습니다. 다만 해군 첩보부대 암호해독 요원들은 일본군의 암호문에 'AF'라는 문자가 자주 등장하는 사실에 주목했습니다. 암호해독반의 지휘관이었던 조제프 로슈포르_{Joseph Rochefort} 중령은 직감적으로 'AF'가 미드웨이섬일 것이라 추측했습니다. 하지만 이는 심증일 뿐 확실한 물증이 없었기에 로슈포르 중령은 한 가지 실험을 하기로 했습니다.

당시 미드웨이에 주둔 중인 미군들은 바닷물을 정수해 생활용수로 사용하고 있었습니다. 로슈포르는 해군사령부에 '미드웨이섬의 정수 시설이 고장 났다'라는 가짜 전문을 보냈습니다. 이때 가짜 전문은 의도적으로 암호문이 아닌 평문으로 보냈습니다. 이것이 함정인 줄 몰랐던 일본 암호해독반은 상부에 'AF 물 부족'이라는 내용의 전보를 보냈습니다. 이로써 로슈포르는 'AF'가 미드웨이를 뜻한다는 것을 확인할 수 있었습니다. 일본 함대가 미드웨이섬으로 몰려오고 있

일본군 암호를 해독한 미 해군 첩보대의 조제프 로슈포르 중령

다는 사실을 알게 된 미국 태평양 함대는 일본 함대보다 조금 더 일찍 미드웨이제도에 도착해 유리한 위치에서 매복하고 있었습니다.

이에 반해 미군에 대한 정보가 부족한 야마모토는 미 태평양 함대의 위치를 전혀 모르는 상태에서 미드웨이 해역에 들어서야 했습니다. 이런 점이 불안했던 야마모토는 미 태평양 함대에 일본군의 위치가 발각되지 않도록 모든 군함의 무선 교신을 일체 중단시킨 상태로 운항할 것을 지시하고, 7대의 정찰기를 띄워 미군의 위치를 파악하려고 했습니다. 당시 일본 함대에는 레이더가 없어 미 태평양 함대를 육안으로 찾아내야 하는 처지였기 때문입니다.

태평양 전쟁 당시 일본군에는 레이더가 아예 없었지만 미군은 성

출격을 앞둔 미군 전투기

능이 뛰어나진 않아도 근근이 작동하는 기본적인 수준의 레이더를 가지고 있었습니다. 날씨가 맑은 날에는 정찰기들이 바다 위를 돌아다니며 적국 함대를 쉽게 발견할 수 있었지만, 구름이 잔뜩 낀 날에는 정찰기가 무용지물이나 다름없었습니다. 악천후 속에서 적군을 발견할 수 있는 장비는 오직 레이더밖에 없었기 때문에 일본 함대는 맑은 날에만 미국 태평양 함대를 찾아낼 수 있었습니다.

1942년 6월 5일 야마모토 함대가 미드웨이 해역에 진입했을 때, 바다에는 짙은 해무가 끼어 있어 한 치 앞을 보기 힘든 상태였습니다. 해무가 너무 짙어 미국 태평양 함대를 찾을 수 없게 되자, 레이더를 보유하지 못한 일본 함대는 엄청난 공포감에 휩싸였습니다. 결국

공중전에 나선 미국 전투기들

일본 함대의 선두에 있던 군함 한 척이 두려움을 이기지 못하고 야마모토에게 무전 연락을 취하는 바람에 일본 함대의 위치가 고스란히 드러나게 되었습니다.

일본 함대의 정확한 위치를 찾아낸 미 태평양 함대는 전투기와 폭격기를 띄워 일본군을 공격하기 시작했습니다. 구름을 뚫고 나타나 폭탄을 투하하고 어뢰를 발사한 후 다시 구름 속으로 사라지는 미군 전투기의 신출귀몰한 공격에 일본 함대는 크게 당황해 어쩔 줄 몰라 했습니다.

미드웨이 해전은 인류 역사상 최대의 해전답게 사흘 동안이나 바다와 공중에서 치열한 전투가 계속되었습니다. 양국의 운명을 걸고 벌어진 미드웨이 해전의 최종 승자는 미국이었습니다. 일본군은 미

미군에 의해 파괴된 일본군 항공모함

일본군에 의해 파괴된 미드웨이섬

태평양 전쟁의 향방을 가른 미드웨이 해전

군의 암호를 끝내 해독하지 못했지만, 미국은 감청과 암호해독을 통해 일본 함대의 모든 교신 내용을 알 수 있었습니다. 또한 미드웨이 해전이 벌어지는 사흘 내내 해무가 짙게 끼어, 레이더로 일본 전투기의 위치를 파악할 수 있는 미국에 절대적으로 유리했습니다.

　일본은 미드웨이 해전에 참전한 항공모함 4척을 모두 잃는 치명타를 입었습니다. 또한 항공모함에 싣고 왔던 함재기 248대를 모두 잃어버렸습니다. 이보다 더 큰 손실은 미드웨이 해전에서 일본 최고의 전투기 조종사가 대거 사망했다는 점입니다. 전투기나 군함은 다시 만들면 되지만 뛰어난 전투기 조종사를 육성하는 데는 많은 시간이 소요되기 때문입니다. 1년 전 진주만 공습에 참여해 평화로운 진주만을 초토화했던 일본 최고의 전투기 조종사는 미드웨이 해전에서 대부분 허망하게 전사하고 말았습니다. 미드웨이 해전은 메이지 유신 이후 세계 최강을 자부하던 일본 해군이 외국 군대에 당한 첫 패배로, 일본 몰락의 전주곡이 되었습니다.

가미카제 특공대

1941년 미국이 일본에 석유 금수 조치를 취하자 일본은 진주만을 습격함과 동시에, 당시 네덜란드의 식민지이자 동남아 최대 산유국인 인도네시아를 점령했습니다. 또한 인도네시아로 가는 길목에 있던 필리핀이 미국 식민지라는 점이 신경 쓰였던 일본은 내친김에 필리핀까지 쳐들어가 미군을 몰아냈습니다. 당시 필리핀을 지키던 미군 총사령관 더글러스 맥아더Douglas MacArthur조차 일본군에 크게 패한 후 간신히 목숨을 구했을 정도로 일본은 천하무적이었습니다.

하지만 미드웨이 해전을 기점으로 전쟁의 주도권은 일본에서 미국으로 완전히 넘어가 미국이 태평양을 지배하기 시작했습니다. 인도네시아에서 약탈한 석유를 싣고 일본으로 향하던 유조선들은 영락없이 미국 태평양 함대의 공격을 받고 침몰했습니다. 이로 인해 석유가 부족해지면서 일본군의 활동 능력은 더욱 위축되어 갔습니다. 이러한 문제를 해결하기 위해 일본은 특단의 대책을 세워야 했습니다.

여기에 더해, 1943년 4월 18일 연합함대 사령관 야마모토가 항공기를 타고 전선을 시찰하던 중 필리핀 앞바다에서 미군기에 의해 격추뇌면서 일본군은 한순간에 가장 유능한 사령관을 잃었습니다. 미 해군 암호해독반은 일본군의 교신을 도청해 4월 18일 야마모토가 최전선으로 시찰을 나간다는 사실을 입수했습니다. 미 해군은 무려 16대의 전투기를 동원해 야마모토가 탄 비행기를 공중에서 폭발시켰습니다.

시간이 흐를수록 일본군은 점점 사면초가에 몰렸습니다. 패색이 짙어가던 전황을 조금이라도 뒤집기 위해 일본군 수뇌부가 고안한 것이 '가미카제 특공대'*입니다. 1944년 10월 일본군 제1항공함대 사령관 오니시 다키지로大西 瀧治郎 중장은 조종사가 전투기를 탄 채로 미

군함에 돌진해 자폭하는 가미카제 특공대를 만들었습니다. 가미카제 특공대의 자폭 공격은 정상적인 국가에서는 결코 있을 수 없는 일입니다. 20대 초반의 젊은이들을 오직 천황과 국가를 위해 예정된 사지로 내모는 것은 어떤 이유로도 용납될 수 없는 범죄 행위이기 때문입니다.

자살 특공대를 고안한 오니시 다키지로 중장

---

* 제2차 세계대전 당시 수세에 몰린 일본군이 불리한 전황을 반전하기 위해 만든 자살 특공대. 일본군 특공대원들은 연합군의 군함들을 향해 돌격해 폭사했다.

그러나 1944년 10월 25일 오니시 다키지로 중장은 미 태평양 함대와의 필리핀 해전에 처음으로 가미카제 특공대를 투입했습니다. 첫 출격자는 23세의 세키 유키오關行男 대위였습니다. 그는 함상 전투기*에 250킬로그램짜리 폭탄을 싣고 미군 항공모함에 자살폭탄 공격을 가했습니다. 이 공격은 미국에 별다른 피해를 입히지 못했지만 일본 정부는 계속해서 가미카제 특공대 지원자를 모집하기 위해 대대적으로 세키 유키오 대위에 대한 미화작업에 나섰습니다.

최초의 가미카제 대원 세키 유키오

일본의 모든 극우 언론이 세키 유키오 대위를 국가적 영웅으로 치켜세웠고, 마침내 그는 인간을 뛰어넘어 군신으로 추앙받기에 이르렀습니다. 하지만 일본 정부와 극우 언론이 아무리 청년들을 선동해도 천황과 국가를 위해 자신의 목숨을 선뜻 내놓으려는 사람은 드물었습니다. 지원자가 없자 일본 군부는 대학생을 학도병으로

---

* 항공모함에서 날아오르는 전투기.

강제 징집해 가미카제 특공대로 내몰았습니다. 군대 헌병들은 집집마다 돌아다니며 징집 대상자를 잡아갔습니다. 징집을 거부해도 어차피 헌병에게 살해되었기 때문에 학생들에게 선택의 여지는 애초부터 없었습니다.

강제 징집된 학도병들은 해군 항공대에 배속되어 '지옥훈련'을 받아야 했습니다. 훈련 과정 동안 학도병에 대한 구타는 일상이었고, 제공하는 의복과 식사도 부실하기 짝이 없었습니다. 학도병의 얼굴은 교관들의 무차별적 구타로 인해 항상 퉁퉁 부어 있었고, 살아있는 것이 죽는 것보다 더 나을 것이 없는 상태로 지내야 했습니다.

신병 훈련소에서 학도병에게 엄청난 폭력을 행사해 죽음에 이를 것만 같은 극한의 고통을 주는 것은 지극히 의도된 행동이었습니다. 인간은 사는 것이 죽는 것만큼 괴로울 때 삶에 대한 애착 대신 과감히 죽음을 선택하기 때문입니다. 신병 훈련소에서는 비행기를 이륙시켜 목표물에 들이받는 조종법만 가르쳐 주었으며, 공중전이나 비상착륙 같은 기술은 아예 가르치지 않았습니다.

이 같은 가미카제 특공대의 속성 훈련 과정이 끝나면 일본군은 학도병에게 가미카제 특공대 지원서에 서명을 하라고 강요했습니다. 본인의 뜻과 무관하게 자살 특공대가 된 학도병은 출격명령이 떨어질 때까지 기지에 갇혀 지내야 했습니다. 학도병이 도망칠 것을 우려해 외출은 엄격히 금지되었습니다. 심지어 가족에게 보내는 편지 내용도 일일이 검열했습니다. 편지에 어떠한 형태의 부정적인 표현도 허락되지 않았으며, 오직 천황과 국가의 은혜에 대한 감사의 글만 남길 수 있었습니다.

1943년 12월 일본 정부는 500명의 도쿄 대학생을 강제 징집해 가미카제 특공대로 만들었습니다. 이때 가미카제 특공대원이 되어 1945년 4월 14일 전사한 사사키 하치로오佐佐木八郎는 출격 전날 홀로 계신 아버지에게 한 통의 유언장을 남겼습니다. 그는 유언장에 '아버지, 안녕하세요. 살아생전 효도 한 번 제대로 해보지 못했지만 저는 내일 일본을 위해 죽습니다. 생각해 보니 그동안 아버지를 좋아한다고 말한 적이 없군요. 하지만 이제 마지막이니까 말하겠습니다. 아버

징집되어 자살 공격을
선택해야 했던
가미카제 특공대

지 사랑합니다. 부디 건강하게 오래 사세요. 아들 사사키 올림.'이라고 마지막 인사를 남겼습니다. 이 정도 내용의 편지가 가족에게 보낼 수 있는 전부였습니다. 행여 국가나 천황을 비판하는 글을 한 줄이라도 쓰면 견딜 수 없는 가혹한 폭력이 뒤따랐습니다.

출격 대기소인 합숙소에서 출격명령을 받은 학도병은 천황이 하사한 술, 즉 신주神酒를 한 잔 마신 후 "천황 폐하 만세"를 외친 뒤 자신에게 배정된 비행기로 걸어갔습니다. 이때 학도병은 자신이 타고 갈 비행기가 가능한 한 멀리 떨어져 있기를 간절히 바랐습니다. 최대한 천천히 활주로를 걸으면서 지저귀는 새 소리에 귀를 기울이며 뺨에 스치는 부드러운 바람의 감촉을 단 몇 초라도 더 느끼고 싶어했습니다.

비행기 앞에서 스스로 선뜻 조종대로 올라가는 학도병은 거의 없었습니다. 죽으러 가는 것을 뻔히 알기에 본능적으로 다리에 힘이 풀렸기 때문입니다. 그럴 경우 교관들은 강제로 학도병을 비행기에 욱여넣고 출격명령을 내렸습니다. 겁이 유난히 많은 학도병의 경우에는 조종석에 쇠사슬로 몸을 묶어 어떤 경우에도 비행기를 버리지 못하도록 했습니다.

비행기 안에는 비상탈출용 장비가 전혀 없었으며, 미국 해군 군함에 도달할 수 있을 정도만 연료를 채워 놓아 다시 돌아올 수 없도록 했습니다. 출격 전 모든 대원이 모여 기념사진을 찍었는데, 죽으러 가는 사람들인 만큼 침통한 표정을 숨길 수 없었지만 교관들의 강요

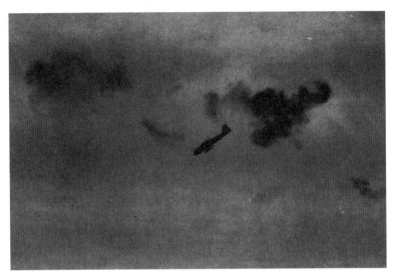
애국이라는 미명 하에 공중에서 산화한 가미카제 조종사

에 의해 억지로 웃어야 했습니다.

사실상 가미카제 특공대의 본질은 국가에 의해 강요된 죽음에 지나지 않았습니다. 자식을 전쟁터에 내보낸 학도병 부모들이 할 수 있는 일이라고는 아들의 무사귀환을 위해 기도하는 것뿐이었습니다. 하지만 애초부터 국가는 이들에게 살아남는 법을 가르치지 않았기 때문에, 실제 살아서 돌아온 사람은 거의 없었습니다. 미국 군함을 공격하기 위해 비행하던 도중 마음이 바뀌어 돌아온 대원도 드물게 있었지만, 이들은 대부분 '명령불복종죄'로 처형되었습니다.

설령 비행기를 몰고 전쟁터까지 갔더라도 실제로 미국 군함에 자폭 공격을 가한 사람의 비율은 10%대에 지나지 않았습니다. 대부분

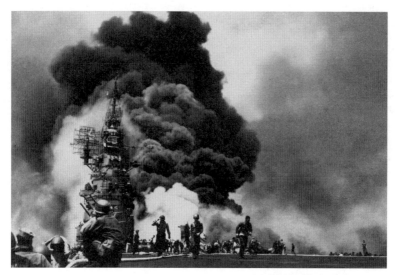

가미카제의 공격을 받고 불이 난 미 군함

의 가미카제 특공대원은 죽는 것이 두려워 미국 전함과 부딪치는 대신 고의로 바다에 추락해 생존을 도모하고자 했습니다. 그런데 비행기를 바다 위에 사뿐히 불시착시키는 일은 고도의 조종 기술을 요구하기 때문에 초보 비행사였던 가미카제 대원들은 불시착을 시도하다 거의 죽고 말았습니다. 이처럼 비행기를 이용한 일본의 자살 공격은 큰 효과를 내지 못했습니다.

1945년 4월 미국과의 오키나와沖縄 교전 때는 무려 1,500여 대의 가미카제 특공대를 투입했지만 미국 군함 36척에 피해를 주는 데 그쳤습니다. 이날 일본은 비행기 1,500대를 잃었지만 주요 공격 목표인 미 항공모함은 단 한 대도 파괴하지 못했습니다. 그야말로 처참한 실적이었습니다. 이렇듯 값비싼 비행기를 이용한 가미카제 특공대의 공격 성공률이 너무 낮게 나오자 투자비용이 아깝다고 느낀 일본 정부는 한층 저렴한 자살폭탄 공격에 나섰습니다.

다음으로 개발된 것이 바다의 가미카제라 불리는 가이텐 특공대였습니다. 자살 특공대원이 8톤짜리 초대형 어뢰를 몰고 미 군함에 부딪쳐 죽는 자살폭탄 공격, 즉 인간어뢰*를 가이텐回天이라고 합니다. 가이텐은 미군에 큰 타격을 준 다음 고통과 두려움이 없는 '하늘로 돌아간다'는 뜻으로 비참한 죽음을 미화하기 위해 만든 말장난에 불과합니다.

가이텐 역시 가미카제처럼 잔혹하기 그지없었습니다. 1.5톤의 폭약을 실은 가이텐에 자살 특공대원이 타면 일본군은 출입구를 막아서 밖으로 도망 나오지 못하도록 했습니다. 가이텐에 실려 있던 1.5톤의 폭약은 당시 지구상에 있던 어떠한 군함도 단번에 침몰시킬 수 있는 엄청난 양이었습니다. 가이텐 작전은 106명의 애꿎은 특공대원의 목숨을 앗아갔지만, 주요 목표로 삼았던 미 항공모함을 단 한 대도 격침시키지 못하는 최악의 결과를 낳았습니다.

가이텐 공격이 일본군의 인명피해만 남긴 채 실패한 가장 큰 원인은 기계적 결함 때문이었습니다. 가이텐은 저급한 디젤엔진을 사용했기 때문에 가동 시 많은 양의 유독가스가 배출되었습니다. 이로 인

---

* 일본 해군이 태평양 전쟁 당시 고안하여 사용한 병기의 하나. 어뢰에 한 사람이 타고 조종하여 적함(敵艦)에 부딪쳐 자폭한 데서 유래한 말이다.

사람이 탄 채 자폭 공격을 하는 인간어뢰 가이텐

해 가이텐 안에 탄 특공대원은 유독가스에 질식되어 죽거나 의식이 혼미해져 미국 군함에 정확히 부딪칠 수 없었습니다. 게다가 태평양 전쟁 후반부터 미국 군함은 고성능 레이더와 수중 음파 탐지기를 장착하고 작전에 임했기 때문에, 가이텐이 접근해 오면 수중 폭탄을 바다에 떨어뜨려 손쉽게 파괴했습니다.

가이텐 공격이 실패로 돌아가자 일본군 수뇌부는 자폭용 보트인 신요震洋를 전쟁터에 투입했습니다. 신요는 자살 특공대원이 평범한 2톤 보트에 폭탄 250킬로그램가량을 싣고 미국 군함과 충돌해 자폭하는 가장 단순한 형태의 자살 공격입니다. 하지만 조그만 보트에 폭탄을 과적한 채로 가다 보니 속도를 낼 수 없어 매우 느린 속도로 움직일 수밖에 없었습니다. 이 때문에 미군은 레이더를 동원하지 않고도

가이텐의 모습

손쉽게 신요를 발견해 해상에서 모조리 파괴해 버렸습니다. 이외에도 일본군은 다양한 형태의 자살 공격을 개발해 실전에 투입했지만 미군에 치명적인 타격을 준 것은 아무것도 없었습니다. 이와 같이 천황을 포함한 일본 지도층은 국민을 학대하고 값싼 소모품으로 소비했을 뿐, 생명의 존엄성에 대한 자각은 그 어디에도 없었습니다.

일본군 지휘관들은 미군 지휘관에 비해 작전기획력이 현저히 떨어졌지만 권위주의에 사로잡혀 대책 없이 돌격명령을 남발했습니다. 이 과정에서 4,000명 이상의 엘리트 조종사가 전사했고, 수많은 군인이 제대로 싸움 한 번 해 보지 못하고 떼죽음을 당했습니다. 전쟁터에 나가 싸울 군인이 부족해지자 일본군 수뇌부는 군수공장에서 일하던 숙련된 기술자까지 차출해 총알받이로 전쟁터에 내보내기를 주저하지 않았습니다. 이로 인해 군수공장에서는 숙련공이 부족해 생산되는 무기의 품질이 갈수록 떨어졌습니다.

미군과 맞서는 최전선에서도 상황은 비슷했습니다. 전투기를 정비하는 기술자인 정비병마저 차출해 전쟁터에 투입하다 보니 전투기를 정비할 사람이 없었습니다. 종전 무렵에는 미군과 공중전을 펼치다가 격추된 전투기보다 기체 결함으로 추락하는 비행기가 많을 정도로 상황이 심각해졌습니다. 이 같은 일본군 수뇌부의 인명 경시 풍조는 일본을 패망으로 이끈 하나의 커다란 원인이 되었습니다.

마루타 생체실험을 벌인 731부대

1892년 지바현千葉縣에서 태어난 이시이 시로石井四郎는 어릴 적부터 공부는 잘했지만 이기적인 성격의 소유자였습니다. 그는 명석한 두뇌에 당시로서는 거구인 180센티미터의 키, 그리고 국가대표급 검도 실력을 겸비한 유능한 사람이었습니다. 1920년 교토대학에서 의학 공부를 마친 이시이 시로는 육군 군의관생활을 시작했습니다. 이후 국비로 해외 유학의 기회를 잡은 그는 유럽에서 공부하면서 세균과 화학가스가 강력한 무기로 사용될 수 있다는 것을 알게 되었습니다.

제1차 세계대전 기간에 독

유능한 의사였던 이시이 시로

일이 연합군을 상대로 무자비한 독가스를 살포해 막대한 인명피해가 발생한 이후, 유럽 각국은 화학가스와 세균전을 엄격히 금지하는 규정을 마련하기 시작했습니다. 그 결과 1925년 유럽 각국 대표들은 스위스의 제네바에 모여 독가스와 세균무기를 일절 금지하는 '제네바조약'을 체결했습니다.

이시이 시로는 다른 강대국들이 연구개발을 포기한 지금이야말로 세균무기를 개발하기에 절호의 기회라 생각하고, 일본으로 돌아온 후 상부에 세균전의 필요성을 역설했습니다. 강력한 제국주의자였던 이시이 시로는 훗날 중국을 정복할 때 가장 좋은 무기는 세균이라면서 세균전을 담당할 부대 창설을 주장했습니다. 그는 중국 인구가 너무 많아 총으로 모두 죽이려면 돈과 시간이 많이 들기 때문에 저렴한 세균무기를 사용하는 것이 훨씬 경제적이라는 논리를 펼쳤습니다.

실제로 이시이 시로의 말은 사실입니다. 뉴욕이나 베이징 같은 대도시에 밀가루 한 포대 정도의 탄저균을 뿌리면 최소 100만 명 이상 죽일 수 있기에, 세균무기는 그 어떤 무기보다 저렴하면서도 강력한 성능을 발휘합니다. 그렇지만 세균무기는 애꿎은 민간인에게도 무차별적으로 피해를 주는 까닭에 가장 비윤리적인 무기로 간주되어 유럽 각국이 개발 및 사용을 일절 금지한 것입니다.

일본 정부는 한동안 이시이 시로가 주장한 세균전 부대 창설에 부정적인 입장을 취했습니다. 일본도 서구 열강과 어깨를 나란히 하는 선진국이라 자부했기 때문에 남들 모르게 뒤에서 세균무기나 개발하

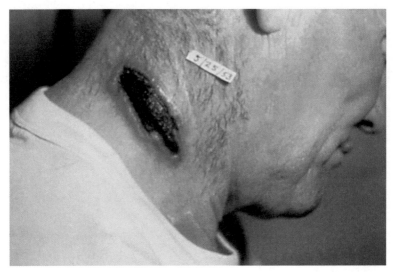

는 것은 문제가 있다고 생각했습니다. 하지만 1931년 일본이 만주사변을 시작으로 중국 정복에 대한 야욕을 실천에 옮기면서 상황이 급변하기 시작했습니다. 좁은 섬나라에 살던 일본인들은 중국을 침략한 이후에야 중국 대륙이 얼마나 큰지 비로소 실감할 수 있었습니다. 게다가 아무리 강력한 무기를 총동원하더라도 당시 인구 6억 명에 달하는 중국인 모두를 제압할 수는 없다는 것을 깨닫게 되었습니다.

1936년 일본군이 점령한 중국 대륙의 만주국* 하얼빈에 천황 직속

---

* 1932년 3월 일본이 중국 동북지역을 지배하기 위해 세운 괴뢰국가. 1945년 일본 패망 때까지 지속되었으며 일본의 중국대륙
  침략의 전초기지 역할을 했다.

하얼빈에 세워진 731부대

으로 세균전을 위한 731부대*가 창설되었습니다. 731부대장이 된 이시이 시로는 적은 비용으로 최대한의 효과를 내기 위해 강력한 세균무기 개발에 박차를 가했습니다. 731부대에 소속된 50여 명의 군의관은 17개 연구팀으로 나뉘어 페스트·콜레라·탄저병 등 생물학전에 활용할 수 있는 세균과 바이러스를 연구했습니다. 이 과정에서 세균무기 개발과 성능실험을 위해 많은 사람이 생체실험 대상이 되었습니다.

일본은 생체실험을 위해 주로 중국과 조선의 항일 운동가를 희생양으로 삼았습니다. 이외에도 러시아인과 몽골인 그리고 도쿄 공습

---

* 첫 부임자인 이시이 시로의 이름을 따서 이시이 부대(石井部隊)라고도 불린다.

*에 참여했다가 생포된 미국인도 끔찍한 생체실험 대상이 되었습니다. 해마다 500명 이상의 무고한 사람이 생체실험 대상자로 이용되었는데, 이시이 시로는 그들을 '마루타'라고 불렀습니다. '마루타'는 일본말로 통나무라는 뜻으로, 그가 생체실험 대상자를 '마루타'라 부른 것은 애초부터 인간으로 여기지 않았기 때문입니다.

이시이 시로는 마루타를 대상으로 상상을 초월하는 만행을 저질렀습니다. 동상 실험을 한다는 명목으로 인간을 영하 40도의 냉동실에 집어넣고 관찰했습니다. 사람 몸에 말의 피를 수혈하기도 하고, 팔과 다리를 잘라 교차 접합하는 실험을 하기도 했습니다. 담배 연기를 폐 속에 얼마 동안 계속해서 주입하면 죽는지도 실험 대상이었습니다.

사람의 뇌를 바늘로 직접 찔러 인체의 다른 부위가 어떻게 반응하는지도 살폈습니다. 또한 몸속의 피를 한 방울도 남김없이 빼면서 그 대신 바닷물을 주입하기도 했습니다. 세균을 입에 들이붓거나 음식에 섞어 먹인 후 세균이 몸속에 침투하는 상태를 알아보기 위해 마취 없이 해부를 자행했습니다. 마취가 실험 결과에 미치는 영향을 제거하기 위해, 무수히 많은 실험과 해부가 모두 마취 없이 이루어졌습니다.

생체실험은 남녀노소를 가리지 않고 진행되었습니다. 심지어 임산부까지 실험대상으로 삼았습니다. 세균실험을 위해 전염병을 옮기는 쥐·모기·빈대·이 등 각종 매개물을 번식시키는 일에도 사람이 동

---

* 1942년 일본의 진주만 공습으로 큰 피해를 본 미군이 전세 반전을 위해 벌인 공습작전. 제임스 H. 둘리틀 중령이 이끄는 B-25 폭격기 특공대가 항공모함 호넷을 이륙해 일본의 수도 도쿄를 폭격했다.

인간을 상대로 생체실험을 자행한 731부대

원되었습니다. 이를테면 이를 얻기 위해 사람들을 음침한 방에 가둬 두고, 일 년 내내 옷을 갈아입지 못하게 하고 목욕도 못하게 하면서 이를 번식시켰습니다. 생체실험 도중 죽거나 더 이상 필요 없게 된 마루타는 예외 없이 소각로로 보내 그 흔적마저 찾을 수 없도록 만들었습니다.

정상적인 국가에서는 상상도 할 수 없는 생체실험은 전쟁이 끝날 때까지 계속 자행되었습니다. 목숨을 잃은 피해자가 확인된 사람만 3,000명을 훌쩍 넘었습니다. 하지만 정설에 의하면 생체실험으로 실제 죽은 사람은 최소 1만 명 이상으로 추정됩니다. 731부대에 근무한 일본군만 해도 3,000명이 넘었던 점에 비추어 볼 때, 일본군이 인정한 사망자 3,000여 명은 너무 적은 수이기 때문입니다.

이런 온갖 생체실험 끝에 대량생산된 탄저균·콜레라균·페스트균 등 각종 세균과 바이러스는 폭탄으로 제조되어 실전에 투입되었습니다. 처음에는 일반 폭탄에 세균을 넣어 투하했습니다. 그런데 폭탄이 터지면서 생기는 뜨거운 열로 인해 세균이 죽어 버리면서 별다른 효과를 거두지 못했습니다. 이 문제를 해결하기 위해 이시이 시로는 도자기 폭탄을 고안했습니다. 도자기 속에 세균을 집어넣어 공중에서 떨어뜨리면 도자기가 깨지면서 세균이 퍼지도록 했습니다. 총 1,600여 차례에 걸쳐 투하된 세균폭탄으로 인해 중국군과 민간인을 포함해 총 57만 명의 피해자가 발생했습니다.

불타는 도쿄

제2차 세계대전이 일어난 초기부터 미국은 국력을 총동원해 초대형 장거리 폭격기 개발에 나섰습니다. 1942년 9월 미국 최대 항공사 보잉은 세계에서 가장 큰 비행기인 B-29 폭격기 개발에 성공해, 각종 성능테스트를 거친 후 1944년 처음으로 실전에 배치했습니다. B-29 폭격기는 실전에서 타의 추종을 불허하는 막강한 위력을 발휘했습니다. 이 폭격기는 1만 미터의 높은 고도에서도 비행할 수 있기 때문에 적국의 전투기가 쉽게 따라붙지 못해 격추의 위험 없이 폭격에 나설 수 있었습니다. 또한 10톤의 폭탄을 싣고도 운항거리가 6,000킬로미터에 달해, 많은 양의 폭탄을 한꺼번에 먼 곳까지 운반할

일본을 초토화시킨 B-29

수 있었습니다.

제2차 세계대전 후반부에 미국은 B-29를 이용해 도쿄를 비롯한 일본 전역에 엄청난 양의 폭탄을 쏟아부어 항전 의지를 꺾으려고 했습니다. 미국은 일본에 최대의 타격을 주기 위해 기존 화약폭탄 대신 신형 네이팜탄napalm을 사용하기로 결정했습니다. 네이팜탄이란 휘발유·팜유·비누·알루미늄 등을 섞어 젤리 모양으로 만든 네이팜을 연료로 하는 폭탄을 말합니다. 네이팜탄은 터지는 순간 3,000도가 넘는 뜨거운 열을 발산하면서 지름 30미터 이내의 모든 것을 태워 버릴 정도로 무시무시한 무기입니다. 즉, 네이팜탄은 기존 폭탄처럼 화약의 폭발력을 이용해 목표물을 파괴하는 것이 아니라 뜨거운 열로 모든 것을 태워 버리는 폭탄입니다. 미국이 일본 본토 공습에 네이팜탄을 동원한 것은 일본 내 건물 대부분이 목조건물이었기 때문입니다.

1945년 3월 10일 새벽, 커티스 르메이_{Curtis LeMay} 장군은 B-29 폭격기 325대를 동원해 일본의 수도 도쿄를 불바다로 만드는 작전을 실행에 옮겼습니다. 르메이 장군은 출격하는 조종사들에게 최대한 많은 사람들을 죽일 수 있는 인구 밀집지역에 네이팜탄을 투하하라는 명령을 내렸습니다. 미군은 이제껏 일본 내

무자비한 일본 공습을 단행한 르메이 장군

군사시설을 목표로 폭격했을 뿐, 민간인을 대상으로 폭격을 가한 적은 없었습니다. 군사시설이나 군인이 아닌 민간인을 대상으로 무차별적 폭격을 가하는 것은 전쟁범죄로서 국제법상 엄격하게 금지되어 있었습니다.

하지만 르메이 장군은 일본 천황에게 무비판적으로 절대복종하는 일본 국민들 특성상 군인과 민간인의 구분은 무의미하다고 판단했습니다. 이전 전투에서도 수많은 민간인이 폭탄을 가슴에 안고 미군 기지로 뛰어들어 엄청난 피해를 입힌 경험이 있기 때문에 일본인 모두를 죽이려고 했습니다. 르메이의 명령에 따라 거대한 B-29 폭격기 325대가 도쿄의 인구 밀집지역에 50만 개의 네이팜탄을 떨어뜨렸습니다. 네이팜탄이 터질 때마다 강렬한 불길이 치솟아 올랐고 주변의

폭탄을 쏟아붓는 B-29

모든 것이 불에 탔습니다.

끔찍한 화염이 도시를 휘감자 도쿄 사람들은 살아남기 위해 필사적으로 강에 뛰어 들었지만, 3,000도의 뜨거운 열기로 인해 강물이 펄펄 끓어 사람들을 집어삼켰습니다. 도쿄 전역에 불붙은 사람들의 살이 타는 냄새와 비명소리가 진동했습니다. 불꽃이 사방에서 동시다발적으로 발생했기 때문에 끌 수 없었으며, 모든 것이 다 탈 때까지 화마는 계속되었습니다.

하룻밤 동안 10만 명의 도쿄 사람이 타 죽었고, 26만 7,000채의 건물이 불에 타 100만 명이 집을 잃었습니다. 이는 도쿄 면적의 4분의 1이나 되는 엄청난 규모였습니다. 다음날 아침이 되자, 전날 밤 공습에 참여했던 미군 조종사들은 자신들이 저지른 일에 큰 충격을 받았습니다. 여성·어린이·노약자 등 전쟁과 관련 없는 무수히 많은 사람이 고통스럽게 죽어 간 것을 알게 된 조종사들은 죄책감에 괴로워했습니다. 이날은 제2차 세계대전을 통틀어 폭격에 의해 최대의 민간인 학살이 자행된 날이었습니다.

하지만 르메이 장군은 민간인 학살을 비판하는 미국 기자들에게 "일본인 10만 명을 죽였으니 작전은 대성공이다. 전쟁은 원래 비도덕적이기 때문에 공격을 하고 괴로워한다면 좋은 군인이 될 수 없다. 내일은 나고야, 모레는 오사카, 그다음은 고베 차례다. 일주일 안에 일본을 잿더미로 만들 것이다."라고 잘라 말하며 자신의 행동을 정당화했습니다. 실제로 르메이는 엿새 만에 일본 대도시를 전부 불태워

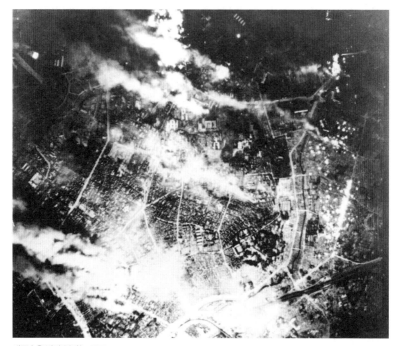
대공습을 받아 불타는 도쿄

버렸습니다. 어떤 날은 1,000대의 B-29 폭격기가 일본 상공에 떠 하늘을 새카맣게 덮기도 했습니다.

　네이팜탄 폭격은 3월부터 8월까지 하루도 빠지지 않고 계속되다가, 남태평양 보급기지에 비축해 둔 폭탄을 모두 쓴 뒤에야 중단되었습니다. 5개월 이상 계속된 미군의 전략폭격으로 일본 내 대도시뿐 아니라, 70개 중소도시까지 모두 파괴되었고, 33만 명 넘는 사람이 불에 타서 죽었습니다. 일본의 모든 도시를 불태운 후 비행기를 타고 시찰하던 르메이는 "만약 미국이 패한다면 나는 십중팔구 전범으로 처벌받을 것"이라 말하며 자신의 행동이 옳지 않음을 간접적으로나

네이팜탄에 목숨을 잃은 민간인

마 실토했습니다.

　일본 천황은 피해상황을 직접 확인하기 위해 경호원과 함께 도쿄를 순시했습니다. 미군 폭격으로 모든 것을 잃고 길바닥에 나앉은 국민들 앞에 천황이 번쩍이는 최고급차를 타고 나타나자, 사람들의 눈빛은 싸늘하기 그지없었습니다. 천황은 예전과 달리 자신을 신으로 받들지 않는 국민들의 냉정한 시선을 의식해 성급히 자리를 떠났지만 전쟁을 그만두려는 생각은 전혀 없었습니다. 오히려 극우 언론을 동원해 1억 일본인이 옥쇄*를 각오해야 한다는 선동을 일삼으며 미군과 끝까지 맞서려고 했습니다.

---

* 부서져 옥이 된다는 뜻으로, 명예나 충절을 위하여 깨끗이 죽음을 이르는 말.

오키나와의 비극

일본 규슈 남단으로부터 약 685킬로미터 떨어진 최남단에 있는 오키나와沖縄는 아열대 기후로 사시사철 꽃이 만발하는 곳으로서 원래 일본 땅이 아니었습니다. 고대로부터 고유한 언어와 문화를 지닌 '류큐琉球 왕국'이 번영했던 오키나와는 지리적으로 일본보다 중국과 더 가까웠습니다. 류큐 왕국은 동북아시아와 동남아시아를 잇는 해상 길에 위치하고 있어 교역의 요충지로 발전했습니다.

류큐 왕국은 약소국으로 오랜 기간 중국에 조공을 바치며 별 탈 없이 지내다가 1609년 일본의 침략을 받았습니다. 일본은 류큐 왕국을 정복한 후 속국으로 만들었지만, 류큐 왕조를 유지시키면서 나름 대로 자율권을 인정해 주었습니다. 하지만 1879년 메이지 천황은 류큐 왕조를 무너뜨리고 일본 영토로 강제 편입시킨 뒤, 류큐 왕국 대

오키나와의 위치

독자적인 류큐 문화를 발전시켜 온 오키나와

신 '오키나와'라고 칭하고 현지인들의 독립운동을 무력으로 탄압했습니다.

일본은 류큐 사람을 상대로 강력한 동화정책을 펼쳐 일본어 사용과 함께 일본식 이름을 강요했습니다. 고유어를 쓰거나 창씨개명을 거부하면 누구든 가혹한 처벌을 받았습니다. 오키나와는 일본의 차별과 착취의 대상으로 전락해 사실상 식민지나 다름없었습니다.

그런데 태평양 전쟁이 벌어지자 오키나와의 전략적 가치가 부각되었습니다. 당시 일본은 '대동아공영권大東亞共榮圈*'이라는 구호를 외치

---

* 제2차 세계대전 당시 일본이 자국의 해외침략 활동을 정당화하기 위해 내세운 대의명분. '대동아'란 동아시아와 동남아시아를 포함한 지역을 말한다.

오키나와에 주둔하던 일본군

며 아시아 전체를 식민지화하고자 했습니다. 이때 오키나와는 동남 아시아를 침략하기 위한 전진기지로 활용되어, 11만 명이 넘는 일본 군이 오키나와에 주둔하고 있었습니다.

미드웨이 해전* 이후 승기를 잡은 미국은 괌·사이판 등 태평양 곳곳에서 일본군을 격파하고 일본 본토 상륙작전에 앞서 오키나와부터 점령하려고 했습니다. 미국은 오키나와를 점령한 후 일본 본토 공략을 위한 전진기지로 활용하려는 전략을 가지고 있었습니다.

일본 입장에서 오키나와는 일본 본토와 거리는 멀지만 자국 영토이기 때문에 절대로 미군에 내줘서는 안 될 곳이었습니다. 일본 천황

---

* 태평양 전쟁 초기인 1942년 6월 5일에서 7일까지 하와이 북서쪽 미드웨이 바다에서 벌어진 대규모 해전. 미국과 일본 해군이 서로 충돌했으며, 이 싸움에서 승리한 미국은 태평양 전선에서의 작전 주도권을 잡았다.

과 군 수뇌부는 오랜 시간 대책회의를 이어 간 끝에 오키나와를 '버리는 돌'로 활용하기로 결정했습니다. '버리는 돌'이란 오키나와에 주둔 중인 일본군과 원주민이 모두 죽을 때까지 저항하도록 하는 전략입니다.

일본 천황과 군 수뇌부는 당시 오키나와에 주둔 중인 일본군 11만명과 46만 명에 달하는 오키나와 원주민이 모두 죽을 때까지 미군과 싸운다면 미군도 수십만 명 이상 전사할 것이라고 예측했습니다. 그렇게 된다면 미국이 엄청난 인명피해가 예상되는 일본 본토 공격을 포기하고 적정선에서 일본과 휴전협정을 맺게 되리라는 것이 일본 천황의 예상이었습니다. 즉, 일본 천황은 오키나와에 있던 일본군과 원주민을 희생양으로 삼아 자신의 권력을 유지하고자 했던 것입니다.

오키나와에 주둔하던 일본군 사령관들은 천황의 뜻을 받들어, 마지막 한 명의 군인까지 목숨을 바쳐 싸우는 이른바 '옥쇄玉碎작전'에 돌입했습니다. 미국도 일본의 막강한 저항에 대비해 강

어린이까지 군인으로 동원한 일본 정부

오키나와 상륙작전에 나선 미군

력한 중화기로 무장한 18만 3,000명의 전투병과 함께 해군과 지원부
대 등 모두 합쳐 무려 54만 명이나 되는 역사상 최대 규모의 원정대
를 구성해 오키나와로 향했습니다.

일본군은 병력을 보강하기 위해 어린 소년부터 70대 노인까지 오
키나와 원주민 남성을 차출해 '수비대'를 구성하여 총알받이로 활용
하려고 했습니다. 수비대는 전체 오키나와 주민의 3분에 1에 해당하
는 많은 수였습니다. 수비대로 징집되지 않은 오키나와 주민들은 진
지를 세우고 참호를 파고 비행장을 건설하는 혹독한 부역에 동원되
었습니다.

1945년 4월 1일 오키나와 인근에 도착한 미군은 상륙지점으로 점

찍은 가네다만※ 주변에 있는 일본군의 저항을 무력화시키기 위해 무려 3만 발 이상의 강력한 포탄을 쏟아부으며 전투를 개시했습니다. 하지만 미군의 무지막지한 포격으로 죽은 일본 군인은 거의 없었습니다. 일본군은 미군의 희생을 최대한으로 이끌어 내는 소모전을 치르기 위해 오키나와 정글의 깊은 곳으로 숨어들거나 산에 무수히 많은 동굴을 만들고 그 속에 숨어 있었습니다. 따라서 미군이 오키나와를 점령하려면 정글과 동굴 속에 몸을 숨기고 있던 일본군을 하나하나씩 사살해야 하는 험난한 작전을 감행해야 했습니다.

미군은 옥쇄할 각오로 전쟁에 임하는 일본군을 상대로 엄청난 피해를 보면서도 물러나지 않고 용감히 싸웠습니다. 일본은 애초부터 이길 생각이 없었던 만큼 미군에 더 많은 타격을 주기 위한 전략을

오키나와 주민들에게
자살을 강요한
일본군 지휘부

구사했습니다. 이를 위해 나이 어린 병사들에게 폭탄을 들고 미군을
향해 돌진하게 하는 자살폭탄 공격을 시키며 저항했습니다. 하지만
시간이 흐를수록 일본군은 막강한 화력을 갖춘 미군에 밀려나며 점
차 입지가 줄어들었습니다.

　패색이 짙어지자 일본군은 집단 광기를 드러내기 시작했습니다.
부족해진 물자를 충당하기 위해 오키나와 주민의 재물을 마구 약탈
했으며, 의심쩍은 사람들을 미군 스파이로 몰아 학살했습니다. 미군
이 상륙하기 전 오키나와 주민을 동원해 섬의 곳곳에 참호를 만들었

죽음을 강요당한 오키나와 주민들

던 일본군은 주민들이 미군에게 참호의 위치를 누설할 것을 우려해 증거도 없이 간첩으로 몰아 학살했습니다.

패배를 거듭하며 더 이상 버틸 수 없는 상황에 직면하자 일본군은 급기야 오키나와 주민들에게 집단 자살을 강요하기에 이르렀습니다. 그들은 오키나와 주민들이 그동안 일본으로부터 받았던 차별에 앙심을 품고 패전 후 미국 편이 될까 봐 우려해 전원 옥쇄를 강요했습니다. 이는 오키나와 사람이 모두 죽는 것이 궁극적으로 일본에 더 이익이 될 것이라는 치밀한 계산 때문이었습니다.

일본군은 오키나와 사람들을 죽음으로 몰아넣기 위해 고도의 심리전을 구사했습니다. 미군에게 잡히면 남자는 팔다리가 잘리고 여자는 능욕을 당하며, 결국 모두가 탱크에 깔려 죽게 되니 차라리 자살을 하는 것이 더 낫다고 주장했습니다. 이후 오키나와에서는 일본군

오키나와 사람들이 자살한 동굴

의 주장을 곧이곧대로 믿고 자살하는 사람이 속출했습니다. 일본군은 자살하려는 사람들에게 수류탄을 지급해 손쉽게 목숨을 끊을 수 있도록 도왔습니다.

사실 일본군의 주장은 터무니없었지만 당시 오키나와 사람들에게는 강력한 설득력을 가지고 있었습니다. 미군이 오키나와 사람을 상대로 저지를 것이라고 예고한 만행은 일본군이 중국이나 동남아시아 사람들을 상대로 끊임없이 저지른 행위였기 때문에, 오키나와 사람들은 충분이 발생 가능한 일이라고 믿었습니다. 이후 오키나와에 자살열풍이 불기 시작했습니다. 집안의 가장은 온 가족을 방 안에 모아 놓고 수류탄을 터트려 동반 자살했습니다. 여기저기서 수류탄이 터지며 사람이 죽어 나가는 아비규환이 끊임없이 벌어졌습니다.

자살자가 너무 많아 수류탄이 부족해지자, 부모가 자식을 목 졸라 죽이고 스스로 절벽에서 뛰어내리거나 농약을 마시고 자살하는 사람이 속출했습니다. 이처럼 일본군은 오키나와 사람들에게 "오명을 남기지 말고 국가를 위해 자결하라"며 죽음을 강요해, 미군과 전투가 벌어진 동안 주민의 4분의 1에 해당하는 최소 12만 명이 목숨을 잃었습니다.

1945년 6월 23일 오키나와의 우시지마牛島滿 일본군 총사령관과 지휘관들이 집단으로 할복자살을 하면서 끔찍했던 오키나와 전투가 끝이 났습니다. 오키나와 전투에서 일본 측은 민간인 희생자 12만 명이외에도 참전 군인 11만 명 중 9만 4,000명이 전사했습니다. 미군역시 1만 2,500여 명의 전사자를 내며 엄청난 피해를 입었습니다.

미군은 11만 명의 일본군이 지키는 오키나와를 점령하는데 무려 270만 발이 넘는 포탄을 쏟아부었고 전투를 끝내기까지 3개월의 시간이 걸렸습니다. 오키나와 전투를 지켜본미군 지휘부는 기존 전투 방식으로는 미군의 피해가 너무 크다는 사실에 주목했습니다. 11만 명의 일본군을 제압하기 위해 1만 2,500여 명의 미군이

할복으로 생을 마감한 우시지마 총사령관

원자폭탄 투하를 결정한 트루먼 대통령

죽었는데, 일본 본토에는 무려 300만 명이 넘는 일본군이 옥쇄를 각오하고 미군과의 일전을 벼르고 있던 상황이었습니다. 더구나 1억 명에 육박하는 일본인 대부분이 천황의 명령 한마디에 자살폭탄 공격대원으로 돌변할 수도 있다는 것이 미국을 더욱 곤혹스럽게 만들었습니다.

일본 본토를 완전히 점령하려면 얼마나 많은 미군이 희생을 치러야 할지 가늠조차 하기 힘든 상황을 두고 미국 정부는 대책 마련에 부심했습니다. 결국 당시 미국 제33대 대통령 해리 트루먼Harry Truman은 상식적으로 도저히 이해할 수 없는 일본과의 전쟁을 끝내기 위해 최종 수단인 원자폭탄을 동원하기에 이르렀습니다.

일본의 패망

1945년 8월 6일 일본 히로시마Hiroshima/廣島에서 인류 역사상 최초로 원자폭탄이 터졌습니다. 원자폭탄의 파괴력은 실로 엄청났습니다. 핵분열에 따른 엄청난 열과 압력으로 히로시마 인구 33만 명 중 7만

히로시마(좌)와 나가사키(우)에 떨어진 원자폭탄

원자폭탄으로 초토화된 히로시마

미국 전함에서 항복문서에 서명하는 일본 대표

8,000명이 순식간에 사망하는 참사가 벌어졌습니다. 히로시마 사람들은 생지옥을 경험하고 있었지만, 현장에서 멀리 떨어진 도쿄에 있던 천황은 사태 파악을 제대로 하지 못했습니다. 그동안 계속된 미군 폭격의 연장선에서 이루어진 사건쯤으로 대수롭지 않게 여겼던 것입니다. 하지만 3일 후인 8월 9일 두 번째 원자폭탄이 나가사키Nagasaki에 떨어져 4만여 명이 죽자, 비로소 사태의 심각성을 인지했습니다.

히로시마와 나가사키에 투하된 원자폭탄은 상상을 초월할 만큼 막강했습니다. 일본이 항복할 때까지 계속해서 폭탄을 터트리겠다고 미국이 위협하자, 일본 천황은 전의를 상실하고 무조건적인 항복을 결심했습니다. 원자폭탄으로 인해 일본 국민들이 죽는 것도 문제지만 도쿄에 핵폭탄이 떨어진다면 자신의 생명도 안전하지 못할 것이

태평양 각지에서
항복한 일본

뻔했기에 계속 전쟁을 이어 갈 수 없었기 때문입니다.

1945년 8월 15일 히로히토裕仁 천황은 일본 국민들을 향해 떨리는 목소리로 '종전조서'를 읽어 내려갔습니다. 일본 전역에 생중계된 라디오 방송을 통해 대다수의 일본인은 천황의 목소리를 처음 들었습니다. 천황이 발표한 800자가량의 종전조서에는 전쟁에 관한 책임과 피해자에 대한 사과의 말은 단 한 마디도 없었습니다.

천황은 종전조서에서 "짐이 미국에 선전포고를 한 것은 일본의 자존과 동아시아의 안정을 보장하려는 마음의 발로일 뿐, 다른 나라의 주권을 침해하거나 영토를 범하려는 의도는 없었다."라고 주장하며 자신이 전쟁을 일으킨 것은 개인의 사리사욕이 아닌 아시아 전체를 위해서라는 궤변을 늘어놓았습니다. 또한 "적국은 잔혹한 원자폭탄

종전 소식을 듣고 기뻐하는 미국인

을 사용해 무고한 나의 백성을 살상했는데, 그 참상은 이루 말할 수 없게 되었다. 전쟁을 계속한다면 우리 민족이 멸망할 뿐 아니라, 인류 문명까지도 파괴될 것이다. 이런 연유로 나는 정부로 하여금 공동선언에 응하도록 조치를 취하였다."라고 말했습니다.

　이처럼 히로히토 천황은 미국을 원망하는 것으로도 모자라 인류 문명을 지키기 위해 전쟁을 끝낸다는 어처구니없는 주장을 했습니다. 천황은 '항복'이나 '패전'이라는 단어가 있어야 할 자리에 '공동선언'이라는 낱말을 사용하며 끝내 자신의 입으로 패전을 인정하지 않았습니다. 더군다나 태평양 전쟁으로 죽은 300만 명이 넘는 일본인과 2,000만 명 이상의 아시아인에 대한 사과 한 마디 없이 연설을 끝냈습니다.

천황의 종전조서 발표는 일본 국민들에게 엄청난 충격을 주었습니다. 그동안 일본인들은 학교 교육을 통해 '지상에 내려온 신인 천황은 무오류의 존재로서 어떤 실패도 할 수 없는 분'이라고 세뇌되었기 때문입니다. 일본인들에게 지상에 내려온 신인 천황에게 복종하는

패전 소식을 듣고
할복을 시도한
일본 군인

것은 인간으로서의 도리이자 의무였습니다.

실제로 패망을 얼마 앞두고 실시된 조사에서 초등학생 중 상당수가 장래희망이 가미카제 특공대가 되어 천황을 위해 죽는 것이라고 답했습니다. 또한 일본인들이 교육을 통해 배운 미국인은 온몸에 털이 난 인간짐승이자 얼굴이 하얀 귀신으로, 공존은커녕 타도의 대상이었습니다. 따라서 자신들을 괴롭히는 짐승이자 귀신에 불과한 미국인을 죽이는 일은 인간으로서 마땅히 해야 할 올바른 일이었습니다.

그런데 어느 날 갑자기 천황이 박멸시켜야 할 미국에 항복을 선언하니, 일본 사람들은 충격에 빠질 수밖에 없었습니다. 더군다나 얼마 전까지만 해도 일본 정부와 극우 언론사가 공모해 마치 일본이 전쟁에서 승리할 것처럼 선전해 왔기 때문에 일본인들이 받은 충격은 더욱 컸습니다.

처벌받지 않은 전범 1호

1945년 8월 15일 일본의 항복 이후 초미의 관심사는 전범처리 문제였습니다. 일본의 침략 만행으로 무려 2,000만 명이 넘는 아시아인이 목숨을 잃었으며, 이보다 훨씬 많은 사람이 종군위안부, 강제징용 등 갖가지 형태로 큰 피해를 입었기 때문에 전 세계 사람들은 전범재판의 추이를 유심히 지켜보고 있었습니다.

전범재판의 최고 관심사는 일본 천황에 대한 처리 문제였습니다. 일본인들은 천황의 처벌을 원하지 않았지만 대부분의 아시아 사람들은 일본 천황이 태평양 전쟁을 일으킨 장본인으로서 가장 먼저 전범 1호로 사형을 당할 것이라 예상하고 있었습니다. 또한 미국인의 70% 이상이 전쟁의 원흉인 일본 천황에 대한 강력한 처벌을 원하고 있었기에 그는 처형을 피해갈 수 없는 분위기였습니다.

하지만 일본 점령군 최고사령관 더글라스 맥아더의 생각은 달랐습니다. 퇴역 이후 미국 대통령을 꿈꾸던 그에게 천황은 살려 둘 의미가 있는 존재였습니다. 종전 이전까지 태평양 지역 총사령관이었던 맥아더는 전쟁을 진두지휘하면서 처음에 도저히 이해가 되지 않던 일본인의 정신세계를 알게 되었습니다. 일본이라는 나라는 개인주의가 만연한 미국과 달리, 천황을 정점으로 하는 전체주의 사회로서 모든 국민은 천황의 자녀와 같은 존재였습니다. 그에게 이런 현상은 마치 개미의 세계와 비슷해 보였습니다. 그는 모든 개미가 여왕개미를 위해 존재하듯 보통의 일본인은 천황을 위해 존재한다는 사실을 깨달았습니다.

천황이 항복을 선언하고 일본 군인들에게 무장해제를 명령하자, 바로 전까지 옥쇄를 외치며 죽기 살기로 미군에게 덤벼들던 일본군은 갑자기 순한 양으로 돌변해 순순히 무장해제에 응했습니다. 300만 명에 이르던 일본군이 천황의 말 한마디에 총을 내려놓는 장면을 지켜본 맥아더는 자신이 별 탈 없이 일본을 지배하려면 천황의 도움이 필수적이라고 생각해 그를 살려 두기로 마음먹었습니다.

맥아더는 미국 대통령 해리 트루먼에게 보낸 편지에 '일본인에게 천황은 신이며, 천황을 전범으로 처형하면 이에 분개한 일본인들이 들고일어나 극심한 혼란이 올 것입니다. 천황의 처형에 반대하는 일본인들의 폭동을 제압하는 일에만 최소 100만 명의 미군이 필요하며, 일본을 점령하는 기간 내내 그 정도의 군대를 유지해야 합니다.' 라고 적었습니다.

미국 정부 역시 천황을 전범으로 처형할 경우에 일어날 불상사를 우려해 맥아더와 비슷한 생각을 하고 있었습니다. 또한 일본을 친미국가로 만들어 공산주의 세력을 막는 도구로 활용할 필요도 있었습니다. 제2차 세계대전이 끝날 무렵, 미국은 히틀러에 버금가는 최악의 독재자 스탈린이 다스리는 소련을 가장 위험한 국가로 여겼고 어떻게든 공산주의의 확산을 막아야 하는 입장이었습니다.

마침 일본은 홋카이도北海道섬 북쪽으로 소련과 국경을 맞대고 있어 소련을 견제하기에 가장 좋은 나라였습니다. 게다가 종전 이후 한반도 이북 지역에서 김일성을 필두로 한 친소 세력이 정권을 잡았으며 중국도 공산화되었기 때문에, 일본의 지정학적 중요성이 크게 부각되고 있었습니다.

패전 직후 처형이 두려워 불면증에 시달리며 불안에 떨고 있던 일본 천황은 맥아더 장군의 초대를 받았습니다. 1945년 9월 27일 천황은 맥아더를 만나기 위해 미국 대사관으로 직접 찾아가는 파격적인 행보를 보이며 미국의 환심을 사려고 했습니다. 이전까지 일본 천황

히로히토 천황을 살려 준
맥아더

은 누구를 만나든 몸소 찾아간 적이 일체 없었고, 일본인뿐 아니라 각
국의 외교사절도 천황을 만나기 위해서는 황궁으로 가야 했습니다.

맥아더와 천황의 만남은 양국 간의 위상 차이를 그대로 보여 주었
습니다. 맥아더는 넥타이도 하지 않은 채 간소한 군복 차림으로 천황
을 맞이했지만 천황은 정장 차림으로 모습을 드러냈습니다. 두 사람
은 역사적인 만남을 기록에 남기기 위해 함께 기념사진을 찍었는데,
여유로운 표정의 맥아더와 달리 천황은 바짝 긴장해 굳은 모습이 역
력했습니다. 182센티미터의 장신이었던 맥아더에 비해 단신인 천황
이 나란히 서서 찍은 사진은 미국에 비해 모든 면에서 왜소한 일본의

단면을 그대로 드러내 보여 주었습니다.

그날 맥아더를 만나러 들어갈 때만 해도 경직되어 있던 천황은 맥아더와 독대한 후 표정이 한결 밝아졌습니다. 맥아더는 천황을 만난 자리에서 처형할 뜻이 없음을 밝히며 향후 미국에 협조할 것을 요청했습니다. 두 사람은 이후로도 총 11차례나 만나 긴밀한 협조관계를 유지했습니다. 천황은 맥아더를 만난 이후 전범처리를 피하기 위해 자신의 신분을 신에서 인간으로 낮추고 미국에 적극 협조할 의사를 밝혔습니다.

1946년 1월 1일 천황은 이른바 '인간선언'을 전격 발표하며 국민들을 깜짝 놀라게 했습니다. 천황은 대국민 담화에서 "일본 천황이 신이라는 것과 일본인이 다른 민족보다 우월하여 세계를 지배할 운

패전 이후 인간의 신분이 된 히로히토 천황

명을 가지고 있다는 것은 모두 지어낸 말이다. 짐은 신이 아니다.”라고 말하며 스스로 인간임을 선언했습니다. 지난 세월 동안 천황을 살아있는 신이라고 믿었던 일본인에게 '인간선언'은 이루 말할 수 없는 충격을 주었습니다.

또한 천황은 일본의 패배를 받아들이라고 명령하며 미국에 적극 협조할 뜻을 밝혔습니다. 맥아더 역시 곧바로 환영성명을 발표하면서 자세를 낮춘 천황을 두둔하고 나섰습니다. 이처럼 천황이 갑자기 친미파로 돌변해 미국에 달라붙었지만, 그렇다고 미국 마음대로 천황을 살려 두기란 쉬운 일이 아니었습니다.

일본과 오랜 세월에 걸쳐 치열한 전쟁을 벌이면서 엄청난 인명피해를 입은 중국과 소련군 포로를 상대로 일본이 저지른 생체실험에 격분한 소련이 미국 정부에 천황의 처형을 강력히 요구하고 나섰기 때문입니다. 게다가 도쿄에 개설된 전범재판소는 미국뿐 아니라 영국·중국·프랑스·네덜란드·호주·뉴질랜드·인도·필리핀 등 연합국 11개국에서 파견된 11명의 대표로 구성되어 있었기 때문에 미국 혼자서 천황을 용서해 준다고 문제가 해결될 상황도 아니었습니다.

1945년 9월 11일 전범으로 지목된 사람들에 대한 체포가 시작되었고, 60여 명의 용의자들이 일제히 검거되었습니다. 이 과정에서 미국을 제외한 연합국에서 파견된 검사들은 천황을 전범 지명자 명단 맨 위쪽에 올리며 체포하려고 했으나 미국의 강력한 반대로 뜻을 이루지 못했습니다. 체포에 실패한 연합국 대표들은 재판 과정에서 천황의 죄상을 낱낱이 드러내 전범으로 처리하려고 단단히 벼르고 있었습니다.

종전 이듬해인 1946년 5월 도쿄에서 전범자들에 대한 재판이 시작되었습니다. 이 재판에서 전범 1호인 천황은 배제된 채 용의자 60여 명 중 28명이 기소되어 역사의 심판을 받게 되었습니다. 이 중 가장 주목받았던 사람은 전쟁이 끝나기 직전까지 총리를 지낸 도조 히데키東條英機였습니다. 그는 진주만 공습을 명령한 장본인으로 천황과 함께 태평양 전쟁을 일으킨 주범이었습니다. 육군참모총장 출신인 그는 수시로 천황을 만나 전쟁에 대해 폭넓은 의견을 나누었고, 누구보다도 전쟁에 깊숙이 개입한 인물이었습니다.

천황을 처형하지 않을 경우 그동안 막대한 피해를 입은 아시아 각국이 격렬히 반발할 것을 우려한 미국은 모든 죄를 도조 히데키에게 덮어씌우려고 했습니다. 천황을 살릴 수 있는 가장 좋은 방법은 도조 히데키가 모든 죄를 인정하는 유서를 쓰고 자결해 속죄양이 되는 것이었습니다. 천황 측근들도 도조 히데키에게 스스로 죽을 것을 요구했습니다. 이에 도조 히데키는 일본이 패망한 직후 권총자살을 시도했습니다. 하지만 자살에 실패해 약간의 부상만 입고 입원해 있다가 미군에 체포되어 전범재판을 받게 되었습니다.

자살 사건 이후 도조 히데키는 어쩐 일인지 모든 죄를 뒤집어쓰기는커녕 전범재판에 성실히 임하며 천황을 두렵게 만들었습니다. 미국을 제외한 연합국 검사들은 도조 히데키에게 날카로운 질문을 던

전범재판을 받는
도조 히데키

지며 천황의 전쟁 개입 사실을 증명해 천황을 법정에 세우기 위해 부단한 노력을 기울였습니다.

재판 진행 중에 도조 히데키의 변호사가 "천황이 주장하기를 본인은 평화를 간절히 바랐지만 신하들이 전쟁을 강요했다고 하던데, 실제로 평화를 원하는 천황의 뜻에 반해 신하들이 어떤 행동을 취한 적이 있습니까?"라고 묻자, 도조 히데키는 한참 생각 끝에 "그런 사례는 전혀 없습니다. 천황의 뜻을 거스를 수 있는 일본 사람은 없습니다. 저 같은 고위 관료라면 더더욱 그렇습니다."라고 말해 재판정에 있던 사람들을 깜짝 놀라게 했습니다. 전쟁에 대한 모든 책임을 홀로

젊어지고 세상을 떠났어야 할 일본 총리의 입에서 천황이 전쟁의 수괴라는 사실이 폭로되었기 때문입니다. 도조 히데키의 예상치 못한 폭로에 깜짝 놀란 맥아더 참모들은 재판 도중 그를 강하게 압박해 이전 발언을 취소시켰습니다. 이듬해인 1947년 1월 도조 히데키는 재판정에 나와 "천황이 군부의 압력에 마지못해 동의함으로써 전쟁이 일어났다."라고 진술하며 천황을 전쟁책임에서 면제시켜 주고 본인이 모든 죄를 뒤집어썼습니다. 비로소 일본 천황은 전범처리 문제로부터 자유로워질 수 있었고, 도조 히데키는 사형선고를 받았습니다.

도쿄의 전범재판은 2년 이상 계속되어 818회에 걸친 공판 끝에 1948년 11월 막을 내렸습니다. 그러나 불과 28명만 기소되어 이 중 25명이 실형을 받는 선에서 마무리되었습니다. 게다가 유죄를 선고

솜방망이 처벌로 끝난 일본의 전범재판

받은 사람들 중에서도 도조 히데키를 포함해 겨우 7명만 교수형에 처해졌고, 나머지 전범들은 징역형을 살다가 세상이 잠잠해지자 사면을 받아 석방되었습니다. 사회로 복귀한 일급 전범들은 친미파로 돌변해 미국에 적극 협조하며 다시 고위 요직에 중용되어 권세를 누렸습니다. 종전 후 일본은 공산주의의 남하를 막는 '아시아의 방패'가 되기를 자처하며 미국의 몇 안 되는 맹방으로 거듭났습니다.

태평양 전쟁에서 패한 일본의 전범재판을 담당한 도쿄재판의 과정과 결과는 너무나 허술했습니다. 반면 유럽 전쟁에서 패망한 나치 독일의 뉘른베르크Nürnberg 재판에서는 전범을 예외 없이 엄격하게 처벌했습니다. 이렇듯 양쪽의 전범재판 상황은 극명하게 대비되었습니다.

생체실험 자료 거래로 살아남은 전범

패전 후 일본 천황과 함께 전범처리 대상으로 가장 주목받았던 사람은 731부대장 이시이 시로 중장이었습니다. 그는 역사상 최악의 생체실험을 총지휘한 인물로, 변명의 여지가 없는 일급 전범이었습니다. 전쟁이 끝나기가 무섭게 이시이 시로는 체포 대상이 되었습니다.

일본이 패망하기 직전 이시이 시로는 중국 하얼빈에 있던 731부대의 해산을 명령하고 증거를 없애기 위해 관련 자료를 소각하기 시작했습니다. 이때 중요한 핵심자료는 따로 챙겨 두었습니다. 자료 소각이 어느 정도 마무리되자 생체실험을 위해 감금해 두었던 150여 명

살아있는 사람을 상대로 해부 실험을 하는 이시이 시로

의 실험 대상자를 모두 살해한 후, 증거 인멸을 위해 시신을 소각로에서 태워 버렸습니다.

이후 일본으로 돌아온 이시이 시로는 미군에 체포되어 전범재판에 서게 되면서 죽음의 위기에 몰렸습니다. 그의 처형을 가장 강력하게 주장한 나라는 생체실험과 세균폭탄 투하로 이루 말할 수 없는 피해를 입은 중국과 562명의 희생을 치른 소련이었습니다. 천황에 대한 미국의 호의적인 태도에 불만이 컸던 두 나라는 이시이 시로만큼은 반드시 교수형에 처해야 한다고 목소리를 높였습니다. 당시 점령군 사령관으로서 막강한 권한을 가지고 있던 맥아더 역시 이시이 시로를 처벌해야 한다는 생각을 가지고 있었습니다.

이시이 시로는 상황이 불리하게 돌아가자 미국과 거래를 시도했습니다. 그는 그동안 은밀히 보관하고 있던 자료 일부를 미국 측에 보여 주며 자신을 무죄로 풀어 준다면 나머지 자료도 모두 넘기겠다고 제안했습니다. 자료를 건네받은 미국은 그 가치를 평가하기 위해 꼼꼼한 분석에 들어갔습니다. 자료를 검토한 미국 학자들은 이시이 시로의 생체실험에 경악을 금치 못했습니다.

실험 자료에는 사람에게 물만 먹이면 70일을 버틸 수 있고 물 없이 빵만 주면 일주일 만에 온몸이 퉁퉁 붓고 피를 토하며 죽게 된다는 등, 정상적인 국가에서는 절대로 있을 수 없는 내용들이 고스란히 담겨 있었습니다. 이시이 시로는 인간을 대상으로 저지른 8,000번도 넘는 인체실험을 동영상과 사진으로 남겨 관리하고 있었습니다. 이 자료는 잔인한 실험의 결과물이었지만 인간을 상대로 생체실험을 하지 않으면 절대로 얻을 수 없는, 더 없이 희귀한 연구 결과이기도 했습니다.

이시이 시로의 연구 결과에 매료된 미국 학자들은 일본의 생체실험 자료를 통해 눈부신 의학발전은 물론 그에 상응하는 막대한 이익을 누릴 수 있을 것이라며 그 자료를 반드시 손에 넣어야 한다고 주장했습니다. 이에 미국 정부는 맥아더에게 수단과 방법을 가리지 말고 이시이 시로의 자료를 확보하라는 명령을 내렸습니다. 맥아더는 이시이 시로를 살려 주는 것이 꺼림칙했지만, 정부의 명령을 거부할 생각은 없었습니다.

하지만 이시이 시로를 풀어 주는 것이 쉬운 일은 아니었습니다. 극

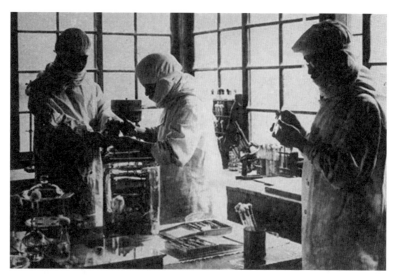
생체실험을 통해 구하기 어려운 자료를 확보한 이시이 시로

악무도한 반인륜 범죄를 서슴없이 저지른 그를 풀어 줄 마땅한 구실이 없었기 때문입니다. 뾰족한 해법을 찾지 못한 맥아더는 연합국 판사들에게 압력을 가해 이시이 시로를 살리기로 했습니다. 당시 전범 재판부는 11개국에서 보낸 11명의 판사로 구성되어 있었는데, 이 중 7명이 무죄, 4명이 유죄를 선고해 결국 이시이 시로는 무죄로 풀려났습니다.

미국 정부는 이시이 시로를 살려 준 대가로 돈 한 푼 들이지 않고 수년간에 걸쳐 얻은 생체실험 자료를 모두 손에 넣었습니다. 이로써 미국은 각종 세균이 인체에 미치는 영향, 세균의 대량 배양기술, 세균폭탄의 제조법 등 그가 이룩한 모든 업적을 단번에 확보했습니다.

일본 전범 재판정의 판사들

　1949년 이시이 시로는 미 육군 초청으로 미국으로 건너가 미국의 세균무기 개발에 힘을 보탰을 정도로 패전 이후 미국과 긴밀한 관계를 유지했습니다. 전범재판 당시 그를 조사한 미군 정보장교는 평가 보고서에서 '이시이 시로는 미국의 정신문화와 자연과학을 존경하는 친미파이다. 또한 학구적이며 솔직 담백하고 인정 많고 대단히 친절한 사람이다.'라고 기술하며 그를 옹호했습니다. 이 같은 미국의 비호 아래 이시이 시로와 731부대에서 생체실험에 참여한 53명의 군의관들은 아무런 처벌도 받지 않았습니다. 이들은 무수히 많은 임상실험을 통해 얻은 노하우를 바탕으로 패전 후 일본 의학계를 이끄는 중심 세력이 되어 승승장구했습니다.

오늘날 일본이 제2차 세계대전 기간에 저지른 만행에 대해 별다른 죄책감을 갖지 않는 이유 중 하나는 패전 후 전범에 대한 처벌이 제대로 이루어지지 않았기 때문입니다. 처형당한 극소수 사람을 제외하고는 종전 후 그들 모두 다시 예전의 위치로 돌아가 계속 기득권 세력으로 군림했습니다. 이후 지금까지 그들은 전쟁범죄에 대해 제대로 된 사과조차 하지 않고 있는 실정입니다.

제2차 세계대전이 미친 영향

제2차 세계대전을 일으킨 독일과 일본은 나름대로 탄탄한 국력을 가진 나라였지만 초강대국 미국의 국력에는 미치지 못했습니다. 2차 세계대전은 모든 국력을 동원한 총력전이었기 때문에 시간이 갈수록 충분한 자원을 확보한 미국에 유리하게 흘러갔습니다. 당시 일본과 독일은 국내총생산GDP을 모두 합쳐도 미국의 3분의 1 수준밖에 되지 않았기 때문에 사실상 이 전쟁은 그들이 결코 이길 수 없는 싸움이었습니다.

일례로 1941년 12월 태평양 전쟁이 시작되었을 당시 미국과 일본은 각각 6척의 항공모함을 보유하고 있었습니다. 이후 3년 동안 일본은 3척을 새로 건조하는 데 그쳤지만 미국은 무려 16척을 생산했습니다. 1945년 8월 15일 원자폭탄의 위력에 질려 버린 일본이 무조건 항복을 선언하면서 인류 역사상 최대의 전쟁은 끝났지만 전쟁이 남긴 상처는 상상을 초월했습니다.

자원을 바탕으로 끝도 없이 생산된 미군의 B-29 폭격기

가장 심각한 타격을 받은 나라는 나치 독일의 침공으로 온 나라가 초토화된 소련이었습니다. 소련은 전사자 1,200만 명을 포함해 무려 2,900만 명 이상의 국민이 사망하는 극심한 인명피해를 입었습니다. 하지만 소련은 전쟁을 통해 군수 산업을 집중 육성했고, 이를 기반으로 종전 후 미국과 함께 세계를 좌우하는 초강대국으로 성장했습니다. 이처럼 전쟁은 소련에 역사상 최악의 인명손실과 초강대국으로 올라설 수 있는 기회를 동시에 가져다주었습니다. 특히 전쟁 중에 점령한 동유럽 국가들을 종전 후 위성국가로 만들면서 한때 지구의 절반을 공산주의로 물들이기도 했습니다.

이에 반해 지난 수백 년 동안 세계 역사의 주인공이었던 영국·프랑스·독일 등 서유럽 국가들은 전쟁을 계기로 쇠락의 길로 들어섰습니다. 그동안 서유럽 국가에 풍요를 안겨 주었던 아시아, 아프리카 등의 식민지가 종전 후 속속 독립하면서 제국주의 시대의 번영은 사라졌습니다. 종전 후 서유럽 국가들에 남은 것이라고는 전쟁비용을 감당하느라 미국에서 빌린 달러를 갚는 일뿐이었습니다.

일본은 미국에 의해 절대적 권한을 가진 천황제를 폐지하고 서구식 민주주의 국가로 탈바꿈했습니다. 그리고 태평양 전쟁 기간 중 미군의 폭격으로 기간시설이 대부분 파괴되어 오랜 기간 피해복구에 매달려야 했습니다.

미국은 제2차 세계대전을 통해 초강대국의 지위를 확고히 하면서 전 세계를 이끌어 가는 명실상부한 패권국가의 자리를 굳혔습니다. 전쟁이 끝나자 미국은 세계 최대의 채권국이자 공업국으로 거듭났습니다. 더구나 미국 달러가 전 세계 기축통화*가 되어 모든 국제거래가 달러로 이루어지게 되었습니다. 달러는 미국인뿐 아니라 전 세계인에게 반드시 필요한 돈이 되었고, 달러를 얼마나 많이 보유하고 있는지가 그 나라의 경제력을 가늠할 수 있는 척도가 되었습니다.

이후 미국이 오랜 기간 유럽에 느껴 왔던 열등감은 우월감으로 바뀌었으며, 미국 문화가 세계 표준으로 자리 잡기 시작했습니다. 예전

* 국제 간의 결제나 금융거래의 기본이 되는 화폐.

기축통화가 된 미국 달러화

에는 파리가 예술의 중심지였다면 이제는 뉴욕이 예술의 중심지가 되어, 팝아트 같은 미국식 예술이 세계인을 사로잡았습니다. 순수예술뿐 아니라 할리우드 영화 같은 대중문화도 전 세계로 퍼져 나갔으며 코카콜라·리바이스 청바지·맥도날드 등 다양한 미국식 생활양식, 행동양식, 사고방식이 전 세계 사람들에게 큰 영향을 미치기 시작했습니다.

3장

제2차 세계대전의 곳곳에 들어찬

전쟁의 단면들

괴벨스의 선동 정치

히틀러가 독일 국민들에게 열광적이고도 전폭적인 지지를 받은 데는 독일 나치스 정권의 선전 장관이었던 파울 요제프 괴벨스Paul Joseph Goebbels의 영향이 컸습니다. 1897년 독일 라인강 연변 라인란트Rheinland의 중산층 가정에서 태어난 괴벨스는 남부러울 것 없는 유복한 집안에서 자랐지만 어릴 적부터 건강이 그다지 좋지 못했습니다. 소아마비 후유증으로 제대로 걷지 못하게 된 그는 학창시절에 종종 주변의 놀림거리가 되곤 했습니다. 이로 인해 항상 열등감에 사로잡혀 있던 그는 자신감을 키우기 위해 공부에 열중해, 명문 하이델베르크Heidelberg 대학에서 인문학 박사학위를 받

신체적 열등감이 심했던 괴벨스

히틀러와 괴벨스

있습니다.

괴벨스는 28세 때 당시 36세였던 히틀러와 운명적으로 만났습니다. 하급 군인 출신인 히틀러와 그의 주변 인물이 대부분 사회 부적응자였던 데 비해, 괴벨스는 유일하게 제대로 교육받은 지식인이었습니다. 괴벨스는 예리한 통찰력으로 사람들의 심리를 꿰뚫어 보는 능력을 지니고 있었습니다. 분노를 이용하는 것이 대중을 움직이는 가장 좋은 방법임을 일치감치 간파한 그는 히틀러가 선동가로 거듭나는 데 있어 큰 영향력을 발휘했습니다.

실시간으로 중계되었던 히틀러의 일거수일투족

1933년 36세의 젊은 나이에 나치 독일*의 선전 장관에 오른 괴벨스는 히틀러를 영웅으로 미화하고 나치의 이념을 퍼뜨리기 위해 언론부터 장악했습니다. 그는 나치에 비판적인 언론사를 모조리 폐쇄하고 국영 방송사의 고위직을 자신의 심복으로 채워 모든 언론을 통제했습니다. 또한 국민들에게 나치 사상을 주입하기 위해 집집마다 라디오를 보급했습니다. 괴벨스는 히틀러의 일거수일투족을 라디오로 생중계하면서 히틀러의 위대함과 나치 사상의 우월성을 독일 국민들에게 주입시켜 나갔습니다.

또한 히틀러에게 고속도로 개통·빈민구제 행사·서민과의 만남

---

* 히틀러가 국가사회주의노동자당인 나치당을 통해 통치한 1933년부터 1945년까지의 독일을 말함.

열정적인 연설가로 거듭난 히틀러

등 각종 이벤트에 참가할 것을 적극 권했으며, 히틀러의 행적을 언론을 통해 대대적으로 보도함으로써 그를 전능한 인간으로 만들었습니다. 1935년 괴벨스는 세계 최초로 정기적인 TV 방송을 시작하며 더욱 노골적으로 국민들을 선동했습니다. TV 방송은 히틀러를 신격화하기에 더 없이 좋은 수단이 되었습니다.

오늘날 히틀러는 전 세계 사람들에게 연설의 대가로 알려져 있지만, 괴벨스를 만나기 전까지 그의 연설은 형편없었습니다. 경직된 자세와 굳은 얼굴로 횡설수설하며 소리만 질러 대는 수준이었던 히틀러의 연설은 논리적이지 않았고 일정한 주제도 없어 듣는 사람을 따

유대인을 희생양으로 삼은
괴벨스

분하게 만들었습니다. 괴벨스는 히틀러에게 역동적인 몸짓을 하고 열정적인 표정을 지으며 연설할 것을 주문했고, 이후 히틀러는 열정적인 연설가로 거듭났습니다. 또한 논리적이지 않았던 히틀러는 말이 많아지면 곧바로 횡설수설했기 때문에 연설은 가능한 한 짧게 하도록 주문했습니다.

괴벨스는 TV와 라디오 방송 등 언론을 통해 독일인들에게 히틀러에 대한 우상화뿐 아니라, 유대인에 대한 분노를 심어 주었습니다. 당시 독일에 불어닥친 경제 위기로 민심이 흉흉해지자, 유대인을 희생양으로 삼아 국민들을 단결시키려고 했습니다. 그는 "분노와 증오

희대의 선동가 괴벨스

는 대중을 열광시키는 가장 강력한 힘이자 공동체의식을 강하게 만드는 원동력"이라고 말하며 독일 국민들이 유대인을 증오하도록 만들었습니다. 괴벨스에 의해 유대인들은 피도 눈물도 없이 돈만 밝히는 속물로 매도되어, 결국 대량학살의 대상이 되고 말았습니다.

또한 괴벨스는 거짓말이 진실보다 더 큰 효과를 낼 수 있다고 생각해 국민들을 향해 거짓말을 일삼았습니다. 1943년 나치 독일은 스탈린그라드 전투에서 패배하면서 점차 수세에 몰렸지만, 괴벨스는 언론을 통해 독일이 승전을 거듭하고 있다고 거짓말을 늘어놓으며 국민들을 안심시켰습니다.

평소 괴벨스는 "선동의 제1가치는 거짓말이며, 거짓말도 여러 번 거듭하면 진실이 된다. 국민들은 거짓말을 처음에는 부정하고 그 다음엔 의심하지만 되풀이하면 결국에는 믿게 된다. 기왕 거짓말을 하려면 크게 하라. 대중은 작은 거짓말보다 큰 거짓말에 잘 속는다."라고 말하며 독일이 패망하기 직전까지 독일 국민들을 상대로 끊임없이 의도적인 거짓말을 늘어놓았습니다. 실제로 전쟁의 패색이 짙어진 상황에서도 수많은 독일 국민은 괴벨스의 선전에 속아 머지않아 승리하리라는 착각에 빠져 있었습니다.

공포의 독일 유보트

독일은 베르사유조약*으로 해군 육성에 큰 제약을 받았습니다. 승전국은 패전국 독일이 건조할 수 있는 군함 수를 엄격히 제한해 사실상 독일은 해군이 없는 나라가 되었습니다. 독일은 빈약한 자원 사정으로 인해 전쟁을 수행하려면 외국으로부터 물자를 들여와야 했고, 이를 위해서는 해상권 장악이 필요했습니다. 하지만 히틀러가 아무리 군함을 많이 만들더라도 독일 해군이 영국 해군을 이기기는 쉽지 않은 상황이었습니다.

영국은 지난 수세기 동안 강력한 해군력을 갖추고 있었습니다. 군함의 수뿐만 아니라, 작전능력도 아주 탁월해 타의 추종을 불허했습니다. 따라서 영국의 해군력을 단기간에 따라잡는 것은 거의 불가능했기에 다른 해법을 찾아야 했습니다. 독일이 고심 끝에 찾아낸 해법이 바로 잠수전 작전이었습니다.

독일은 영국보다 전함이나 구축함 등 기존 군함을 생산하는 능력

---

* 제1차 세계대전이 연합국의 승리로 막을 내리자 1919년 6월 승전국인 연합국과 패전국 독일의 대표가 프랑스 베르사유 궁전에 모여 맺은 강화조약.

독일 해군의 비장의 무기였던 유보트

이 떨어졌지만, 바닷속을 휘젓고 다니는 잠수함을 만드는 일에 일가견이 있었습니다. 제1차 세계대전 때도 독일은 잠수함 유보트U-Boat를 활용해 연합군 함대에 막대한 피해를 준 경험이 있었습니다. 히틀러는 잠수함으로 영국 군함과 상선을 남김없이 격침하면 독일에도 나름대로 승산이 있다고 판단했습니다.

영국도 독일처럼 자원이 부족한 나라였기 때문에 무기를 만들기 위해서는 대부분의 원자재를 외국에서 수입해야 하는 처지였습니다. 게다가 곡물 생산량도 부족해 상당량의 식량을 해외에 의존하고 있었습니다. 이로 인해 독일 해군이 잠수함 공격으로 영국 상선들을 침몰시키면 영국은 굶주림에 시달릴 수밖에 없는 상황이었습니다.

1936년 히틀러는 잠수함으로 승부를 걸기 위해, 제1차 세계대전 때 유보트의 탁월한 능력을 보여준 카를 되니츠Karl Dönitz를 유보트 함

잠수함 작전의 대가였던 카를 되니츠

이리떼 전법으로 효과를 본 유보트

유보트의 공격을 받고 침몰하는 연합군 유조선

대사령관으로 임명했습니다. 카를 되니츠 제독은 수백 대의 유보트를 새로 만들고 '이리떼 전법'이라는 새로운 공격법을 고안했습니다. 이리떼 전법이란 대서양을 헤집고 다니는 유보트 한 척이 연합군 선단을 발견하면 무선으로 인근의 유보트를 끌어모아 떼로 공격하는 방법을 말합니다.

이리떼 전법은 자연계에서 이리가 사냥감을 공격할 때 쓰는 방식과 동일한 것으로, 실제 연합군 선단에 치명적인 타격을 주었습니다. 물론 영국 해군에도 잠수함이 있었지만 영국 해군은 전통적으로 잠수함을 좋게 여기지 않았습니다. 바다 밑에서 숨어 다니다가 은밀하게 공격하는 잠수함 공격 방식은 신사적이지 못하다고 생각해 잠수함 부대 육성에는 소극적이었습니다.

연합군을 공포에 떨게 만들었던 유보트 승조원들

전쟁이 막바지에 이르기 전까지 유보트의 활약은 실로 대단했습니다. 제2차 세계대전 기간에 유보트는 군함 148척·상선 2,795척·수송물자 1,400만 톤·사상자 20만 명 이상 등 연합군에 막대한 손실을 입혔습니다. 이로 인해 영국은 굶주림과 패전의 공포에 떨어야 했습니다.

영국의 수상 윈스턴 처칠이 기자들에게 "나를 가장 두렵게 한 인물은 히틀러가 아니라 카를 되니츠다."라고 토로했을 정도로 유보트의 활약은 연합국 측에 치명적인 타격을 주었습니다. 영국은 유보트의 공격으로 자국 상선이 계속 침몰하여 극심한 물자 부족에 시달리게 되자, 이를 극복하기 위해 전쟁 도중 배급제를 실시해야 하는 궁지에 몰리기도 했습니다.

암호를 풀어낸 천재 수학자 앨런 튜링

독일군 카를 되니츠가 주도한 군함·상선 등 대상을 가리지 않는 유보트 공격으로 벼랑 끝에 몰린 영국에 앨런 튜링Alan Turing은 한 줄기 빛과도 같은 존재였습니다. 1931년 장학금을 받고 명문 케임브리지 대학 수학과에 진학한 앨런 튜링은 졸업한 후 미국 프린스턴대학으로 유학을 떠나, 1938년 박사학위를 받았습니다. 지도 교수인 폰 노이만이 학교에 남아 공동연구를 하자는 제안을 했지만, 당시 유럽에 전운이 감돌자 앨런 튜링은 제안을 거절하고 영국으로 돌아왔습니다. 그는 영국이 전쟁에 돌입한 지 하루 만인 1939년 9월 4일에 영국 정부의 암호해독반 수학 팀장이 되어 독일군 암호해독에 나섰습니다. 그러나 막상 암호해독을 시작하자 넘기 힘든 커다란 장벽이 있음을 깨달았습니다.

영국이 낳은 천재 수학자 앨런 튜닝

독일은 전쟁을 일으키기에 앞서 암호 분야의 최고 인재를 모아 절대로 풀 수 없는 암호개발에 나섰습니다. 독일군은 기존처럼 복잡한 암호를 만들어 대화를 주고받는 대신 평범한 단어를 입력하면 암호로 바뀌는 에니그마Enigma 라는 암호 생성기를 개발했습니다.

독일의 최첨단 암호 생성기
에니그마

에니그마란 수수께끼를 뜻하는 그리스어로서 컴퓨터 자판처럼 생긴 키보드에 단어를 입력하면 자동으로 암호를 만들어 내는 독일 첨단 기술의 집약체였습니다.

에니그마가 만들어 내는 암호는 이론으로 해독할 수 없었습니다. 에니그마는 하루에 한 번씩 자정을 기해 새로운 암호를 만들어 냈기 때문에 힘들게 감청한 독일군의 군사비밀을 24시간 안에 해독하지 못한다면 아무런 의미가 없었습니다. 에니그마는 1해 5,900경에 이르는 어마어마한 가짓수의 암호를 만들어 냈으며, 모든 경우의 수에 대입해 암호를 풀려면 최소 2,000만 년의 시간이 필요했습니다. 이로 인해 영국군은 독일군의 암호해독에 성과를 거두지 못하고 있었습니다. 이 사실을 잘 알고 있던 독일군은 마음 놓고 암호를 주고받았습

에니그마를 통해
암호를 주고받는 독일군

니다.

영국군은 개전 초기부터 독일군의 무선통신 내용을 전부 감청했지만, 해석하지 못해 발만 동동 구르는 상황이었습니다. 영국의 모든 암호해독 전문가가 독일 암호문을 손에 쥐고 어떻게든 풀어 보려고 발버둥칠 때, 앨런 튜링이 "기계가 만든 암호문은 기계가 풀어야 한다."라고 말하며 자동 암호해독기를 만들 것을 주장했습니다. 기존 방식으로는 도저히 독일군의 암호를 해독할 수 없다는 사실을 인식

앨런 튜링이 만든 콜로서스 컴퓨터

한 영국 정보부도 앨런 튜링의 주장에 동의해 1943년부터 본격적으로 암호해독기 개발에 나섰습니다.

앨런 튜링은 기존 수학적 방식을 이용해서는 독일군 암호를 절대로 해석할 수 없다는 사실을 감안해 이전에 없던 새로운 방법을 강구했습니다. 이를 위해 그는 인공지능을 활용한 초고속 정보처리 방식을 고안했습니다. 앨런 튜링은 자신이 개발한 인공지능 방식으로 콜로서스Colossus라는 정보처리 장치를 만들었습니다.

1944년 봄, 마침내 튜링은 독일군의 에니그마 체계를 무너뜨리고 암호를 해독하는 데 성공했습니다. 독일군 암호문이 세계 최초의 컴퓨터인 콜로서스에 들어가는 순간 모조리 해독되어 나왔습니다. 콜로서스가 개발되면서 역사상 가장 탁월한 암호 생성기로 평가받던 에니그마는 무력화되었습니다. 독일군의 모든 것을 알게 된 영국군은 대서양에서 활동 중인 유보트를 폭격기로 모조리 격침했습니다. 또한 영국 상선들은 유보트가 없는 지역으로만 다녀 더 이상 피해를 입지 않았습니다.

콜로서스에 의해 유보트의 위치와 작전계획이 모두 들통나면서 유보트의 전성기는 막을 내렸습니다. 콜로서스는 독일 유보트 함대를 궤멸시키는 데 결정적인 기여를 했을 뿐 아니라, 더 나아가 독일과 전쟁을 끝내는 일에 큰 공헌을 했습니다.

1944년 6월 6일 승리의 분수령이 된 노르망디 상륙작전*도 콜로서스의 도움이 없었다면 결코 성공할 수 없었습니다. 영국은 노르망디 상륙작전 이전에 이미 독일군의 규모와 위치를 모두 파악하고 있었지만, 독일군은 연합군에 관한 정보가 거의 없었습니다. 천재 수학자 앨런 튜링 덕분에 정보전에서 승리한 영국은 그동안 숨통을 죄고 있던 독일 잠수함의 위협으로부터 해방되어 독일을 제압할 수 있었습니다. 훗날 영국 총리 윈스턴 처칠에게 독일의 위협을 저지한 단 한 사람을 꼽아 달라고 기자들이 질문하자, 그는 주저 없이 '앨런 튜링'이라고 대답했습니다.

---

* 1944년 6월 6일 미국을 중심으로 한 연합군이 유럽 본토를 공략하는 발판을 마련하기 위해 독일이 장악하고 있던 프랑스 북부 노르망디에 벌인 대규모 기습 상륙작전.

히틀러의 아기공장, 레벤스보른

대학교육을 받지 못한 하급 군인 출신 히틀러는 평생 열등감에 시달렸습니다. 그는 열등감에서 벗어나기 위해 발버둥치는 과정에서 인종주의에 눈을 떴습니다. 오래전부터 유럽에 만연한 백인 우월주의를 신봉한 히틀러는 백인 중에서도 단연 독일과 오스트리아 민족이 속한 게르만족이 최고의 인종이라고 생각했습니다. 자신은 그리 크지 않은 키에 갈색 머리와 갈색 눈동자를 가졌음에도, 얼굴이 하얗고 키가 크며 금발에 눈동자가 파란 사람을 순수 게르만 혈통이라고 여겼습니다.

푸른 눈과 금발은 유전적으로 열성 유전자의 발현이기 때문에 다른 인종과 결혼해 자손을 낳을 경우 사라지게 됩니다. 다시 말해 금발을 가진 사람끼리, 푸른 눈을 가진 사람끼리 결혼해야만 푸른 눈과 금발을 가진 아기가 태어납니다. 그래서 히틀러는 순수 게르만 혈통이라고 생각한 푸른 눈에 금발을 가진 사람들을 보호하고 한 걸음 더 나아가 그 수를 늘리기 위한 일을 시도했습니다.

1935년 9월 15일 독일 뉘른베르크에서 대규모 나치당대회가 열린 날, 나치 당원들의 열렬한 호응 속에서 이른바 '뉘른베르크법'이라 불리는 '독일 제국 시민법'과 '독일인의 혈통과 명예를 지키기 위한 법률'이 제정 공포되었습니다. 히틀러가 직접 서명한 이 문서는 '유대인과 독일인은 결혼할 수 없다.'라고 규정하고 '이 법률과 배치되는 결혼은 무효이며 법을 어긴 자는 강제 노동형에 처한다.'라는 조항을 담고 있었습니다. 이 법에 따라 나치스*가 독일 내 유대인의 시민권과 공무 담임권을 박탈해 유대인은 더 이상 법의 보호를 받을 수 없게 되었습니다.

또한 히틀러는 순수한 게르만족을 선별하기 위해 모든 독일인을 상대로 혈통조사에 나섰습니다. 이후 독일인을 게르만족, 2급 혼혈, 1급 혼혈, 유대인 이렇게 4등급으로 나누었습니다. 최고 등급의 순수 독일인은 부모·조부·외조부까지 게르만족이어야 했습니다. 만약 가족 중에 유대인 혈통이 1명 있으면 2급 혼혈, 2명 있으면 1급 혼혈로 분류되었습니다. 그 이상은 유대인으로 취급했습니다.

2급 혼혈이든 1급 혼혈이든 독일에서 인간 취급을 받지 못하기는 마찬가지였습니다. 순수 유대인뿐 아니라 혼혈 유대인도 선거권을 비롯한 모든 정치적 권리를 박탈당했으며, 이들은 45세 이하의 임신 가능한 독일 여성을 고용할 수 없었습니다. 이것은 독일인과 유대인 사이에 혼혈아가 추가로 발생할 것을 우려한 조치였습니다. 또한 유대인은 피를 만지는 의료업에 종사할 수 없었습니다. 히틀러는 천박한 유대인이 위대한 게르만족의 피를 다루는 것을 원하지 않았습니다.

히틀러는 순수 게르만족을 늘리기 위해 결혼과 출산을 적극 장려해, 결혼한 부부에게 1,000마르크, 현재 화폐가치로 환산하면 5,000

---

* 히틀러를 당수로 하여 1933년부터 1945년까지 독일을 지배한 인종차별주의적 극우정당. 정식 명칭은 국가사회주의독일노동자당이다.

출산 장려 정책을 편
나치

만 원 정도의 목돈을 지급했습니다. 부부가 자녀를 낳지 않으면 이
돈은 다시 국가에 반환해야 했지만, 부부가 자녀를 낳을 경우 한 명
당 원금의 25%씩을 차감해 주었습니다. 즉 4명의 자녀를 낳을 경우,
부부는 독일 정부가 준 1,000마르크를 고스란히 가지게 됩니다. 이는
최소한 4명의 자녀를 낳으라는 의미와 다를 바 없었습니다.

하지만 생각만큼 독일인들이 자녀를 많이 낳지 않자, 히틀러는 아
예 공장에서 제품을 생산하듯 인위적으로 아기를 만들고자 했습니
다. 이를 위해 1936년 고대 독일어로 '생명의 샘'을 뜻하는 '레벤스보
른Lebensborn'이라는 아기공장을 만들었습니다. 레벤스보른은 아기를
낳은 여성들을 위한 숙소, 아기를 돌보기 위한 보육시설과 의료시설
을 완벽히 갖추고 있었습니다. 레벤스보른은 모든 시설이 최고급 수
준이어서 아기를 낳기에는 더할 나위 없이 좋은 곳이었습니다.

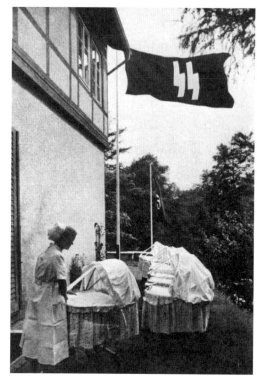

나치가 만든 아기공장
레벤스보른

독일 정부는 아기를 낳을 수 있는 시설을 완비한 후, 푸른 눈에 금발을 가진 독일 미혼 여성을 대상으로 레벤스보른에 입소해 아기를 낳을 것을 강요했습니다. 아기의 아버지가 될 자격은 순수 게르만족 중에서 체격이 좋고 우수한 머리를 가진 독일군 장교에게 주어졌습니다. 처음에는 게르만족 우월주의에 심취된 수천 명의 여성이 몰려들었지만, 시간이 지날수록 여성 지원자가 줄어들었습니다. 레벤스보른에서 태어나는 신생아가 지속적으로 줄어들자 히틀러는 담당자를 강하게 문책했습니다.

레벤스보른을 운영하던 히틀러의 부하들은 고육지책으로 같은 게
르만 혈통인 노르웨이 여성들을 납치하기 시작했습니다. 독일로 끌
려온 노르웨이 여성들은 레벤스보른에 갇혀 4명의 아이를 낳아야 집
으로 돌아갈 수 있었습니다. 산모들은 자신이 낳은 아기를 안아 보지
도 못한 채 나치에게 빼앗겼으며, 의사가 검진을 해서 아기의 건강에
문제가 있으면 아기를 그 자리에서 살해했습니다. 건강이 양호한 아
이들에게는 순수 게르만족임을 증명하는 혈통증명서가 발급되었습
니다. 이들 중 일부는 입양을 원하는 독일군 장교 가정에 입양되었습
니다.

외국인 여성까지 납치해 레벤스보른을 운영해도 아기공장에서 태

인종 실험장이었던 레벤스보른

레벤스보른의 어린이들

어나는 신생아가 1년에 1만 5,000명에 지나지 않자, 히틀러는 부하들에게 10만 명까지 늘리라는 엄명을 내렸습니다. 하지만 더 이상 신생아를 늘릴 방법이 없었던 히틀러의 부하들은 아예 아기들을 유괴하기로 결정했습니다. 이들은 폴란드, 우크라이나 등 점령국 부모에게서 태어난 아기들 중 게르만족과 흡사한 외모를 가진 아기를 빼앗은 후 레벤스보른에서 태어난 아기인 것처럼 히틀러에게 보고했습니다.

사실 폴란드나 우크라이나 사람들은 게르만족이 아니라, 히틀러가 가장 싫어하는 민족 중 하나인 슬라브족이었지만 할당량을 맞추기 위해서는 다른 방법이 없었습니다. 출생증명서는 독일인 부모에게서 태어난 것처럼 감쪽같이 위조되었습니다. 이리하여 독일 패망 때까지 유괴된 아기의 수는 무려 20만 명을 넘어섰습니다. 1945년 5월 독일이 전쟁에서 패하면서 레벤스보른에 있던 아이들의 운명도 비극적으로 바뀌었습니다. 레벤스보른의 아기들은 부모가 누구인지도 정확히 모른 상태에서 패전을 맞이했으며, 나치 정부가 사라진 후 그 누구도 이들을 돌보아 주지 않았습니다.

결국 이들은 대부분 고아원으로 보내져 주변 사람들에게 '아기공장' 출신이라는 손가락질을 받아야 했습니다. 위대한 게르만족의 번영이라는 거창한 구호 아래 태어난 이들은 졸지에 태어나지 말아야 할 사생아가 되어 오랫동안 주위의 차가운 시선 속에 살아가야 했습니다.

나치스의 유대인 학살

히틀러가 등장하기 이전까지 독일은 유럽에서 가장 자유로운 나라 중 하나였습니다. 수도 베를린에는 수많은 민족이 모여 살면서 별다른 인종차별 없이 오순도순 지냈습니다. 유대인들도 50만 명 넘게 독일에 둥지를 틀고 살면서 나름대로 독일 시민으로서 제 역할을 충실히 수행하고 있었습니다. 독일보다는 프랑스나 소련이 유대인 박해에 앞장서며 독일인들의 비난을 사기도 했습니다.

하지만 히틀러가 권좌에 오른 후 모든 것이 순식간에 바뀌었습니다. 히틀러는 독일 국민을 하나로 묶는 수단으로 유대인에 대한 혐오감을 이용했습니다. 아주 오래전부터 유럽에 정착한 유대인들은 대부분의 세월 동안 극심한 차별 속에 고리대금업 이외에는 다른 일을 할 수 없었습니다.

히틀러 이전까지 자유가 넘쳐났던 독일

당시 유럽인들은 기독교 정신에 입각해 '시간은 하나님의 것'이라고 생각했습니다. 따라서 일정 기간을 조건으로 남에게 돈을 빌려주고 비싼 이자를 받는 행위는 기독교 교리에 맞지 않다고 여긴 반면, 유대인들은 돈놀이도 하나의 사업으로 간주했습니다. 이에 따라 유대인들은 제조업보다는 금융업에서 크게 두각을 나타냈는데, 개중에는 사악한 고리대금업자도 있어 유럽인들의 불만을 샀습니다.

또한 유대인은 그 어떤 유럽 민족보다도 교육열이 높고 똑똑해, 진출하는 분야마다 두각을 나타내며 유럽 사람들의 질투심을 유발했습니다. 히틀러가 성장기를 보낸 오스트리아에서도 유대인은 성공한 사업가·의사·판사 같은 전문직을 가진 경우가 많았습니다. 하층민

출신이었던 히틀러는 유대인과 교류할 기회가 많지 않았기에 그들에 대해 잘 알지는 못했습니다. 다만, 역사가 중에는 히틀러의 '유대인 소녀와 첫사랑 실패'가 유대인에 대한 나쁜 편견을 갖게 했다고 말하기도 합니다.

히틀러는 16세 유년 시절에 스테파니 아이작Stefanie Isak이라는 유대인 소녀를 짝사랑한 적이 있었습니다. 당시 그는 매우 소심해 소녀에게 말을 걸지도 못하고 주변을 맴돌다가 자신의 심정을 담은 시를 한 편 지어 보냈습니다. 하지만 히틀러의 시를 받은 소녀는 답장조차 해 주지 않았습니다. 이 사건은 가뜩이나 열등감이 많던 히틀러에게 유대인에 대한 나쁜 편견을 심어 주었고, 이후에도 지속적인 영향을 주었다는 것이 일부 역사가들의 견해입니다.

히틀러는 청년 시절부터 유대인에 대한 적대감을 공공연하게 나타냈고, 권력을 잡은 후에는 언론을 총동원해 유대인에 대한 사악한 이미지를 만들어 냈습니다. 그가 조성한 유대인에 대한 증오심은 상대적 박탈감이 큰 독일 하류층을 중심으로 급속도로 번져 나가, 제2차 세계대전이 일어난 이후에는 광적인 수준에 이르렀습니다. 눈치 빠른 일부 유대인은 시민권을 박탈하는 뉘른베르크법이 제정되자 재빨리 독일을 벗어나 불행에서 빗겨가기도 했습니다.

하지만 독일을 떠나기 위해서는 나치 독일에 전 재산을 내놓아야 했기 때문에 떠나는 일이 쉽지만은 않았습니다. 당시 독일을 떠나려는 유대인들이 가장 선호했던 곳은 이민자의 나라 미국이었지만 정

유대인이 쓴 책을 불태우는 나치

공격당한 유대인 소유의 가게

핍박을 피해 독일을 탈출하는 유대인

작 미국은 유대인을 원하지 않았습니다. 미국 정부는 유대인 이민자 중에 나치 스파이가 있을지도 모른다는 이유로 유대인의 미국 입국 조건을 이전보다 한층 까다롭게 변경했습니다. 독일 주재 미국 대사관은 독일에 친척이 있는 경우 입국비자를 발급하지 않아 유대인의 미국행을 막았습니다.

나치 정권이 안정된 이후, 히틀러는 전쟁비용과 독일인을 위한 재원을 모으기 위해 유럽 지역에 살고 있는 1,500만 명의 유대인이 가지고 있던 막대한 재산을 본격적으로 약탈하기 시작했습니다. 이를 위해 1940년 4월부터 폴란드 내 유대인을 모두 체포해 게토_{ghetto}*라

---

* 중세 이후 유럽 전역에 유대인을 강제 격리하기 위해 설치한 유대인 거주지역.

출국은 가능하지만 입국이
불가능한 유대인용 여권

는 격리시설에 몰아넣었습니다. 전통적으로 유대인에 대한 차별이
거의 없었던 폴란드에는 200만 명 넘는 유대인이 살고 있었는데, 이
들은 한순간에 전 재산을 잃고 좁은 게토에 갇혀 다른 민족과 철저히
격리되었습니다. 비단 폴란드뿐 아니라 독일군이 점령하는 모든 곳
에 게토가 세워졌는데, 게토의 비좁고 열악한 환경 탓에 전염병이 창
궐해 많은 유대인이 죽었습니다.

1941년 6월 독일이 소련을 침공한 뒤 전쟁 초반에 연승행진을 이
어 가자, 세계 정복에 대한 자신감을 얻은 히틀러는 평소 증오하던
유대인을 멸절시키는 대학살을 구체화했습니다. 1942년 1월 히틀러
는 측근들에게 점령 지역 내 유대인을 모조리 죽이라는 이른바 '최종
해결책'을 지시했습니다. 히틀러의 명령에 따라 나치스는 점령 지역
내에 거주하는 1,000만 명의 신원과 소재지를 파악해 체포에 나섰습
니다.

유대인 학살 초기 나치스는 체포한 유대인을 총으로 쏘아 죽였는데, 그 부작용이 만만치 않았습니다. 처형을 맡은 독일 군인들은 하루 종일 유대인 머리에 총을 쏘아야 했기 때문에 엄청난 정신적 고통을 호소했습니다. 이에 나치 수뇌부는 '권총처형' 대신 유대인을 버스 안에 몰아넣고 자동차 배기가스를 주입해 질식시켜 죽이는 '살인버스'를 도입했습니다.

나치 수뇌부는 '살인버스'를 통해 독일 병사들의 정신적 고통이 줄어들기를 기대했으나 막상 실행에 옮기자 '권총처형'과 별다른 차이가 없었습니다. 유대인들은 배기가스에 질식해 죽을 때까지 소리를 지르며 버스를 부수려고 하는 등 한바탕 소동을 벌였습니다. 게다가 살인버스를 이용해 한 번에 죽일 수 있는 사람의 수가 제한적이었고,

나치 독일에 의해 게토에 갇히는 유대인

질식해 죽는 사람들이 구역질나는 매연 냄새로 인해 구토를 했기 때문에 죽은 후 버스를 청소하는 일도 쉽지 않았습니다. 나치 수뇌부는 총살이나 살인버스로는 1,000만 명이나 되는 유대인을 신속하게 죽이기 쉽지 않다는 사실을 깨닫고 좀 더 효율적으로 학살하는 방법을 연구하기 시작했습니다.

아우슈비츠 수용소

히틀러는 신속하고도 대량으로 유대인을 학살하기 위해 점령지였던 폴란드 남부의 인구 5만인 도시 아우슈비츠Auschwitz에 대규모 살인 공장을 운영하기 시작했습니다. 나치 독일이 굳이 폴란드에 살인공장을 세운 이유는 폴란드가 유럽의 중심부에 위치하고 있어 유럽 전

나치의 살인공장 아우슈비츠

역에 흩어져 있는 유대인을 끌어모으기 편한 지리적 이점 때문이었습니다. 나치 독일은 점령 지역 내 유대인을 모조리 죽이라는 '최종 해결책'이 나오기 이전인 1940년부터 아우슈비츠에 정치범 수용소를 만들어 운영하고 있었습니다.

그러다 '최종해결책'이 나온 이후 수용소를 대폭 확장해 유대인 학살에 이용했습니다. 아우슈비츠 수용소 이외에도 대규모 유대인 수용소로는 독일 뮌헨 인근 다하우Dachau 강제수용소와 오스트리아 린츠Lienz에서 동쪽으로 20킬로미터 떨어진 마우트하우젠Mauthausen 강제수용소가 있었고, 이들은 각각 독립적으로 운영되었습니다. 아우슈비츠 수용소는 대량학살을 위한 최적의 시스템을 고안했습니다. 나치스는 짧은 시간에 더 많은 유대인을 학살하기 위해 철저히 업무를 분업화했습니다.

먼저, 체포조가 곳곳에 흩어져 있던 유대인을 잡아들인 후 기차에 태워 아우슈비츠로 보냈습니다. 기찻길은 아우슈비츠 수용소까지 놓여 있었고, 수용소 입구에는 '노동이 너희를 자유롭게 하리라.'라는 큼지막한 문구가 붙어 있었습니다. 이것은 유대인들에게 살인공장이 아닌 강제 노동 수용소처럼 보이려는 기만책에 지나지 않았습니다. 아무리 나약한 사람일지라도 머지않아 대량학살을 당한다는 사실을 눈치 챌 경우 순순히 죽지 않고 목숨을 다해 저항할 것이기 때문이었습니다.

'노동이 너희를 자유롭게 하리라.'라고 쓰여 있는 수용소 정문

열차에서 내린 유대인을 기다리고 있던 것은 먼저 온 유대인으로 구성된 악단이었습니다. 유대인 악단이 마치 고향에 온 동족들을 환영하는 것처럼 음악을 들려주었기에, 막 수용소에 도착한 유대인들은 조금이나마 안심할 수 있었습니다. 물론 음악을 연주하는 유대인들은 방금 도착한 유대인 대부분이 곧바로 가스실에서 끔찍한 죽음을 맞이할 것이라는 사실을 너무나 잘 알고 있었지만, 누구도 진실을 이야기해 주지 않았습니다.

동족을 죽이는 데 앞장섰던 유대인 카포

깔끔하게 정리된 수용소 내부

　아우슈비츠는 하루에 1만 명씩 죽어 나가는 죽음의 수용소였지만, 이런 사실을 철저히 감추기 위해 거리는 깨끗이 청소되어 있었고, 화단에는 꽃이 심어져 있었습니다. 아우슈비츠를 지키는 독일군은 항상 소수였기 때문에 유대인 협력자 없이는 운영될 수 없었습니다. 음악을 연주해 주던 유대인뿐 아니라, 적지 않은 수의 유대인이 자신과 가족의 목숨을 지키기 위해 독일군을 도와 동족을 학살하는 데 힘을 보탰습니다. 수용소에서 나치스를 위해 일하던 유대인 중 극소수는 독일군보다 오히려 더 잔혹하게 동족을 괴롭혔습니다.

죽음의 천사, 멩겔레

　유대인이 아우슈비츠에 도착해 열차에서 내리면 군의관 요제프 멩

겔레Josef Mengele 대위가 기다리고 있었습니다. 나치 친위대 소속인 멩겔레는 극단적인 인종주의자로서 유대인을 벌레 취급했습니다. 히틀러의 의사로 불린 그는 1943년에 부임해 종전 직전까지 아우슈비츠에서 유대인 학살에 관한 실무를 주도했습니다.

유대인 수송 열차가 도착하면 멩겔레의 손이 움직이기 시작했습니다. 열차에서 내린 유대인들은 그의 손이 왼쪽으로 기울면 독가스실로 가야 했고, 오른쪽으로 기울면 강제 노동소로 보내졌습니다. 그러다 간혹 손등을 두드리면 별도로 감금되어 생체실험용 재료로 사용되었습니다. 그의 손에 유대인들의 생사가 갈렸기 때문에 사람들은 그를 '죽음의 천사'라고 불렀습니다.

아우슈비츠 수용소에 도착한 유대인 중 80~90% 이상이 곧바로 가스실로 향했습니다. 죽음의 가스실은 유대인이 쉽사리 눈치 채지 못하도록 샤워실로 위장되어 있었습니다. 유대인이 가스실로 들어서면 나치는 노동 수용소로 가기 전에 먼저 따뜻한 물과 비누로 깨끗이 씻어야 한다며 수건과 비누를 나누어 주었습니다. 가스실 안에는 많은 옷걸이가 벽에 걸려 있었고, 곳곳에 '소지품 분실 주의'라는 문구가 붙어 있어 마치 샤워를 마치고 다시 나올 수 있는 것처럼 착각을 불러일으켰습니다.

유대인들은 샤워실과 똑같은 분위기에 속아 스스로 옷을 벗어 옷걸이에 잘 걸어 두고, 천장에 샤워기가 달려 있는 욕실 안으로 들어갔습니다. 유대인들이 욕실 안으로 모두 들어가면 육중한 철문이 닫히고 천장의 샤워기에서 독가스가 뿜어져 나오면서 끔찍한 학살이 시작되었습니다.

나치스가 학살용으로 사용한 독가스 '치클론 B'라는 물질은 원래 해충을 죽이기 위해 개발된 맹독성 살충제였습니다. 공교롭게도 '치클론 B'는 유대인 화학자 프리츠 하버Fritz Haber가 개발한 제품입니다. 독가스가 살포되기 시작하면 사람들은 10분 동안 폐가 타들어가는 고통으로 미친듯이 몸부림쳤습니다. 그들은 밖으로 나가기 위해 문 앞으로 몰려와 살려 달라고 외치며 주먹으로 문을 두들기거나 손톱으로 벽을 긁었습니다. 가스가 살포된 후 들려오던 괴성은 10분 뒤 점점 줄어들고 20분이 지나면 더 이상 들리지 않았습니다.

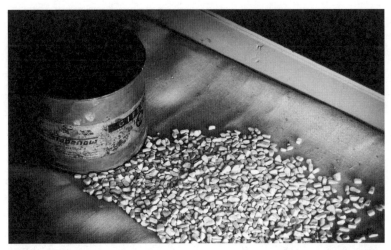

유대인 학살에 사용된 치클론 B

나치스의 만행은 여기서 끝나지 않았습니다. 죽은 이들의 머리카락으로 카펫을 만들고, 인간의 피부를 벗겨 내 가죽 지갑이나 전등갓을 만들고, 금니로 금괴를 만들었습니다. 인체의 나머지 부분은 화장터에서 소각되었는데, 이때 생겨난 뼛가루는 비료로 사용했습니다. 아직도 아우슈비츠 수용소에는 머리카락·안경·신발 등 갖가지 물건이 고스란히 남아 있어 당시의 끔찍한 상황을 짐작할 수 있습니다. 이와 같이 나치스는 차마 인간으로서 도저히 용서받을 수 없는 만행을 저질렀습니다.

당시 운 좋게 살아남은 유대인도 고통스럽기는 마찬가지였습니다. 노동현장에 투입된 유대인은 죽은 유대인의 사체를 처리하거나 강도 높은 강제 노동에 시달리다가 체력이 약해지면 결국 가스실로 향했습니다. 아우슈비츠에 수용된 유대인은 곧바로 죽느냐 강도 높은 노

산더미처럼 쌓인 유대인의 물건들

동을 하다가 죽느냐의 차이만 있을 뿐, 종착지는 모두 가스실이었습니다.

생체실험용 재료로 분류된 유대인은 멩겔레의 악마적 광기를 충족해 주는 도구로 활용되었습니다. 당시 아우슈비츠에서 멩겔레는 세가지 제복으로 상징화되던 인물이었습니다. 아우슈비츠에 수용된 생존자들은 그가 하얀 가운을 입고 있으면 아주 친절하게 대할 것을 알았고, 파란 수술복을 입고 나타나면 누군가 곧 가죽 끈에 묶여 수술대에 눕게 될 것을 알았으며, 마지막으로 회색 나치 제복을 입고 오면 생체실험을 하는 날로서 누군가 피를 뽑힌 뒤 갖가지 화학실험 끝에 죽어서야 나갈 수 있다는 사실을 알고 있었습니다.

수용소에서 학살당한 유대인

멩겔레는 갈색 눈동자를 가진 사람의 눈에 화학약품을 넣어 푸른 색깔로 바꾸려고 하는 등 유대인을 상대로 도저히 이해할 수 없는 여러 가지 극악무도한 생체실험을 벌였습니다. 그는 특히 쌍둥이한테 관심이 많아 수용소에 쌍둥이 어린이가 들어오면 흐뭇해하며 매우 친절하게 대했습니다. 그는 쌍둥이를 혹사하지 말라는 특별명령을 내려, 실험용 쌍둥이 어린이에게 힘든 노동을 면제해 주고 특별히 좋

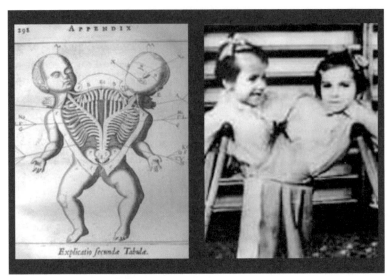

쌍둥이를 인체실험 대상으로 삼았던 멩겔레

은 음식과 잠자리를 제공했습니다.

멩겔레는 혈액형이 다른 이란성 쌍둥이 중 한쪽의 피를 뽑아서 다

남미에서 여생을 마친 멩겔레

른 쪽에 수혈하며 경과를 지켜
보았습니다. 또한 인위적으로
쌍둥이의 배를 꿰매어 몸을 하
나로 만드는 '샴쌍둥이' 수술을
하기도 했습니다. 멩겔레의 음
모를 알 수 없었던 쌍둥이들은
처음에 친절하게 대해 주었던
그의 행동 때문에 심장에 약물
주사를 맞고도 죽기 전까지 그

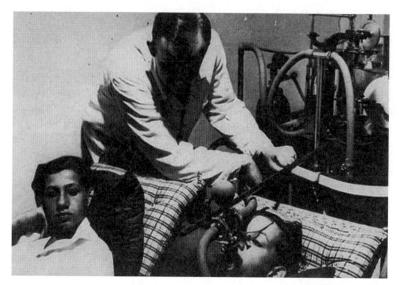

를 전적으로 신뢰했습니다. 이렇듯 멩겔레는 유대인을 상대로 끔찍한 만행을 서슴없이 저지르며 악행을 계속해 나갔지만, 결국엔 어떠한 처벌도 받지 않았습니다.

1945년 1월 나치 독일의 패색이 짙어지자, 멩겔레는 은밀히 아우슈비츠 수용소를 탈출해 이탈리아로 도주했습니다. 그곳에서 신변에 위협을 느낀 그는 1949년 남미 아르헨티나로 피신했다가, 얼마 뒤 브라질로 넘어가 정착했습니다. 브라질에서 그는 산부인과 의사로 지내면서 경제적으로 윤택한 삶을 살며 천수를 누리다가 1979년 심장마비로 사망했습니다.

감추어진 희생자들

제2차 세계대전 당시 나치 독일의 점령 지역에는 1,000만 명의 유대인이 살고 있었는데, 이 중 600만 명의 유대인이 학살되었습니다. 히틀러는 점령국 이외의 유럽 국가에도 유대인을 내놓으라고 으름장을 놓았습니다. 이에 위협을 느낀 국가들이 유대인을 추방하면서 희생자가 늘어났습니다. 다만 인권국가 스웨덴이나 유대인에게 동정적이었던 헝가리는 마지막까지 유대인을 지키려고 최선을 다했습니다.

오늘날 전 세계에 막강한 영향력을 행사하는 유대인들 덕분에 제2차 세계대전 당시의 유대인 대학살은 세상에 널리 알려졌지만, 유대인만큼 큰 피해를 입은 집시Gypsy에 대한 만행은 그다지 알려져 있지 않습니다. 집시의 기원에 대해서는 여러 가지 학설이 있지만 가장 유

오래전부터 유럽을 떠돌던 집시

력한 설은 9세기경 인도에서 시작되었다는 것입니다.

인도 북서부 지방에 살던 수많은 하층민이 유럽으로 이주하면서 집시의 역사가 시작되었습니다. 유럽으로 흘러든 집시는 밑바닥 생활을 면치 못했습니다. 그들은 한곳에 정착하지 못하고 유럽 전역을 떠돌면서 약장수, 곡예사 같은 일을 하거나 아예 구걸로 생계를 이어 갔습니다. 더욱이 유랑민족이다 보니 위생관념이 부족해 이동하는 곳마다 악취와 함께 전염병을 옮기는 경우도 적지 않아 오랫동안 유럽인에게 집시는 '더러운 부랑아' 취급을 받았습니다.

유럽인의 집시에 대한 혐오는 역사상 수많은 탄압을 불러왔습니다. 유럽 각국은 집시가 나타나면 강제로 추방해 현지인과의 접촉을 금지했습니다. 중세 때는 아예 마녀로 몰아 화형에 처하거나 생매장을 하기도 했습니다.

지독한 인종주의자였던 히틀러에게 집시가 곱게 보일 리 없었습니다. 히틀러는 집시를 아우슈비츠로 보내기 전에 의사 · 교육학자 · 심리학자 등 다양한 사람들에게 집시에 대해 연구해 보라고 지시를 내렸습니다. 독일 학자들의 연구 결과, 집시는 도저히 같은 인간으로 볼 수 없기 때문에 모두 제거해야 한다는 결론에 도달했습니다.

이후 나치 독일 점령 지역의 집시가 모두 체포되어 아우슈비츠의 가스실로 보내졌습니다. 유럽에 살던 집시의 80% 이상이 나치에 의해 사라졌지만, 유대인과 달리 지금까지도 정확한 피해자의 수는 알 길이 없습니다. 집시가 특정 국가에 소속된 국민이 아니라 유럽 전역

집시 체포에 나선 나치

수용소에서 죽임을 당한 집시

아우슈비츠로 보내진 동성애자

을 유랑하면서 살던 떠돌이였기 때문입니다. 나치에 의해 희생당한 집시의 수가 수십만 명에서 100만 명에 이른다고 하나, 이는 모두 추정치일 뿐, 정확한 수를 아는 사람은 아무도 없습니다.

피해자를 특정할 수 없었던 만큼 전후 피해배상에서도 집시는 철저히 소외되었습니다. 패전 후 새로 들어선 독일 정부가 유대인에게는 철저한 배상을 했지만, 피해자를 파악조차 할 수 없는 집시에게는 제대로 된 배상을 할 수 없었습니다. 집시는 나치 독일로 인해 가장 많은 피해를 받은 사람들이지만, 집시에 대한 유럽인들의 싸늘한 편견 속에 잊힌 피해자가 되었습니다.

히틀러의 손에 의해 죽은 사람은 유대인이나 집시 같은 이민족만이 아니었습니다. 나치 독일의 번영에 걸림돌이 된다고 여겨진 동성애자와 장애인도 제거의 대상이었습니다. 위대한 게르만족의 인구 증가에 혈안이 되어 있던 히틀러는 자손을 낳지 못하는 동성애자를 혐오해 적발되는 대로 아우슈비츠로 보냈습니다.

동성애가 크게 차별받지 않았던 베를린

　히틀러가 등장하기 이전까지만 해도 독일은 동성애자에게 가장 관대한 국가 중 하나였습니다. '세계 동성애자의 수도'라고 불린 독일 베를린에는 많은 수의 동성애자가 있었고, 이들은 별다른 차별 없이 지낼 수 있었습니다. 하지만 히틀러가 등장한 이후 모든 것이 바뀌었습니다. 동성애자는 한순간에 박멸의 대상으로 전락해 수만 명이 학살되었습니다. 장애인 역시 국가를 좀먹는 존재로 간주되어 국가에 의해 살해되었습니다. 히틀러는 지능이 낮거나 정신질환 또는 신체 장애가 있는 독일인들은 국가발전에 도움이 되지 않는다고 생각했습니다.

　1933년 히틀러는 가장 먼저 유전질환을 가진 장애인들이 자손을 낳을 수 없게 하는 '강제 불임 정책'을 시행했습니다. 이 정책에 의해 질환을 가진 장애인들은 강제 불임 수술을 받아 더 이상 자식을 낳을 수 없었습니다. 히틀러는 평소 장애인을 '무가치한 인생'이라 폄하하며 모두 제거해야 할 대상이라고 주장했지만 장애인을 대량 학살하는 일은 논란을 불러올 소지가 다분했습니다.

당시 독일에는 사회적 약자인 장애인에 대해 온정적인 시각을 가진 사람이 많아, 유대인이나 집시처럼 무작위로 체포해 가스실로 보낼 수 없었습니다. 이에 히틀러는 정치 선전을 통해 장애인을 '세금 축내는 불필요한 존재'로 만들어 학살의 대의명분을 세우고자 했습니다.

1938년 독일 전역에는 다음과 같은 홍보 포스터가 붙었습니다.

장애인의 존재가 세금 낭비라는
내용을 담은 포스터

제거의 대상이던 장애인 어린이들

'무려 1인당 6만 마르크의 돈이 일생을 유전적 결함으로 고통받는 사람들을 위해 지불된다. 독일인들이여, 이 돈은 모두 당신의 돈이다.' 히틀러는 이 홍보를 통해 장애인을 제거하는 것은 세금 절약을 위해 반드시 필요한 일로 여기도록 독일 사람들을 세뇌했습니다.

1939년 5월 히틀러는 마침내 장애인을 학살할 수 있는 기회를 잡았습니다. 독일 동부의 도시 라이프치히Leipzig에서 장애인 자녀를 둔 부모가 히틀러에게 장애인 아동을 안락사시킬 수 있는 권리를 요구하자, 히틀러는 즉시 대응해 장애인 아동 안락사 프로젝트를 추진했습니다. 얼마 후 히틀러는 장애인을 안락사시킬 의료진을 비밀리에 모아 특수조직을 구성한 후 장애 아동 학살에 나섰습니다.

처음에는 부모가 원할 경우에 한해서 장애인 아이들을 안락사시켰지만 나중에는 부모의 뜻과 무관하게 장애인을 살해하기 시작했습니다. 3세 미만의 장애가 있거나 의심되는 아이는 모두 특수시설에서 치료한다는 구실로 데려가, 곧바로 독극물을 주사해 살해했습니다.

하지만 부모에게 통보된 자녀의 사망 원인은 하나같이 폐렴으로 명시되었습니다. 전쟁이 시작되자 그 규모가 더욱 확대되었습니다. 아동뿐 아니라 전 연령의 장애인이 무차별적으로 살해되어, 히틀러에 의해 죽어 간 장애인 수는 무려 30만 명에 이르렀습니다. 이처럼 히틀러는 집권 동안 강자의 논리에 사로잡혀 사회적 약자를 탄압하고 결국 죽음에 이르게 했습니다.

히틀러가 살려 준 유대인

나치 독일 시절에 살해당한 어린이만 해도 100만 명이 넘을 정도로 히틀러는 잔혹하기 그지없는 인물이었습니다. 역사상 최악의 독재자라고 불린 히틀러도 예외적으로 남을 도운 경우가 있었습니다.

에른스트 헤스Ernst Hess는 제1차 세계대전 당시 히틀러가 모시던 상관이었습니다. 독일군 장교였던 헤스는 유대인이지만 모든 부하들에게 존경받을 만큼 훌륭한 인품을 가진 사람이었습니다. 그는 장교로서 솔선수범을 보이며 위험을 무릅쓰고 적진을 향해 제일 먼저 달려갔습니다. 전투 도중 부상당한 병사가 생기면 그냥 방치하지 않고 아무리 먼 거리라도 업고 갔습니다. 또한 당시에는 당연하게 여기던 병사들에 대한 구타나 폭언도 전혀 하지 않았습니다. 헤스는 부대 내에

존경받는 장교였던 에른스트 헤스

서 따돌림당하던 히틀러를 자상히 돌보아 주었으며 단 한 번도 무시하지 않았습니다.

종전 후 헤스는 사회로 돌아와 유능한 판사로서 평온한 삶을 살고 있었습니다. 그런데 독일에 나치 정권이 들어서고 1935년 반유대주의 법인 뉘른베르크법*이 제정되자, 유대인들은 의사나 판사 같은 전문직에 종사할 수 없게 되었습니다. 헤스 역시 판사직에서 쫓겨났습니다. 이후 학살 대상에 포함되어 온 가족이 아우슈비츠로 끌려갔습니다. 절체절명의 위기에 놓인 헤스는 가족을 살리기 위해 히틀러에게 도움을 청하는 편지를 썼습니다.

헤스의 편지를 읽은 히틀러는 고민에 빠지지 않을 수 없었습니다. 폭력적인 가정에서 성장해 마음속 상처가 큰 히틀러는 헤스를 진심으로 존경했지만, 아쉽게도 그는 유대인이었습니다. 그동안 독일 국

---

* 나치 집권기 유대인을 탄압하기 위해 만든 법률. 독일 내 유대인의 독일 국적을 박탈하고 독일인과 유대인의 결혼을 금지하였다. 또한 유대인의 공무 담임권을 박탈해 유대인은 공직을 수행할 수 없도록 하였다.

민들을 향해 유대인은 단 한 명도 남김없이 죽여야 한다고 목청을 높이던 히틀러가 헤스를 살려 준다면 이미지가 크게 나빠질 것이 분명했습니다.

고심 끝에 헤스를 살리기로 결심한 히틀러는 나치 친위대장 하인리히 힘러Heinrich Himmler에게 헤스를 보호해 줄 것을 명령했습니다. 하지만 힘러는 히틀러의 지시에 크게 반발했습니다. 유대인 학살을 주도한 조직이 바로 나치 친위대였기 때문에 유대인인 헤스의 가족을 도와주라는 히틀러의 명령을 따를 수 없었습니다.

힘러는 히틀러와 어려운 시절을 함께 보낸 동지로서 히틀러가 가장 신임하던 측근이었습니다. 그는 나치를 떠받드는 핵심 군사조직인 무장친위대ss 최고 책임자로 활약했고, 천하의 히틀러도 오랜 동지인 힘러의 반발을 존중해 주었습니다. 이처럼 최측근이었던 힘러가 헤스를 살려 주는 일에 대해 극구 반대하고 나서자, 히틀러도 입장이 난처해졌습니다. 이에 히틀러는 힘러에게 상관이 아닌 친구로서 정중히 부탁했습니다.

처음에는 결사적으로 반대하던 힘러도 히틀러의 진심 어

유대인 학살에 열을 올렸던 힘러

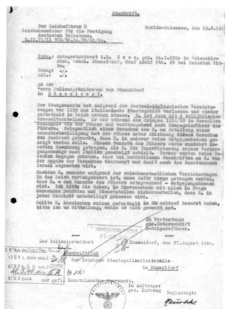

히틀러의 보호 명령을 전해
헤스를 구명한
힘러의 편지

린 부탁에 마음을 고쳐먹고 나치 친위대 군인을 보내 헤스를 보호해 주었습니다. 당시 유대인은 해외출국이 완전히 금지되어 있었지만 힘러는 헤스 가족에게 새로운 여권을 발급해 무사히 독일을 빠져나갈 수 있도록 해 주었습니다. 덕분에 그들은 목숨을 건질 수 있었습니다. 헤스 가족은 히틀러가 유일하게 구해 준 유대인입니다.

일본계 미국인

1941년 12월 7일 일본 해군이 선전포고도 없이 하와이 진주만을 공격하자, 당시 미국에 살고 있던 일본인에게 불똥이 옮겨 붙었습니다. 미국은 이민자의 나라이기 때문에 인디언을 제외하고는 국민 모두 고국이 있었습니다. 미국 땅에는 제2차 세계대전을 일으킨 독일과 이탈리아 출신 미국인도 많았지만 민족적 차별을 받는 일은 없었습니다.

그러나 일본이 선전포고도 없이 진주만 습격을 단행하자 이에 성난 미국인들은 일본인에게 증오를 내뿜었습니다. 미국 전역에서 일본계 미국인(이하, 일본인)이 집단폭행을 당하고 심지어 살해를 당하기도 했습니다. 그동안 일본인은 그 어느 민족보다 자신의 직분을 충실히 수행했으며 법을 어기는 경우도 드물었습니다. 그런데 진주만 공습 이후 미국 언론들이 악의적인 보도를 쏟아내면서 그들은 한순간에 파렴치한으로 몰렸습니다. 언론은 전체 일본인을 사악하고 열등

모범시민이던
일본계 미국인

일본인을 비난하는 미국 언론

한 존재로 만들었으며, 뭔가 적극적인 조치를 취하지 않으면 위험한 짓을 할 것처럼 몰아붙였습니다.

때마침 벌어진 '니이하우 사건'은 일본인의 앞날에 어두운 그림자를 드리웠습니다. 일본의 진주만 공습 당시 일본 전투기 한 대가 니이하우섬에 추락하는 일이 발생했습니다. 일본군의 폭격에 분노한 하와이 원주민들은 추락한 전투기 조종사를 사로잡기 위해 나섰는데, 추락 장소에 이미 3명의 일본계 미국인이 도착해 있었습니다. 이들은 일본군 조종사를 탈출시키기 위해 모인 사람들로, 하와이 원주민과 치열한 전투 끝에 모두 죽임을 당했습니다.

이 사건이 언론에 대대적으로 보도되면서 일본인은 언제든지 미국을 배반할 수 있는 변절자로 취급되어, 전쟁이 끝날 때까지 사회에서 격리되어야 할 대상으로 전락했습니다. 이 때문에 미국 내 인종차별주의자들을 중심으로 일본계 미국인에 대한 격리수용 요구가 빗발쳤고, 당시 프랭클린 루스벨트 대통령은 쉽지 않은 결정을 내려야 했습니다.

일본인 강제 격리수용을
알리는 정부 발표

일본인 강제수용 안내문 앞에 서 있는 일본계 미국인

미국 내에서 가장 많은 정보를 가지고 있던 존 에드거 후버John Edgar
Hoover 미국 연방수사국FBI 국장은 미국 내 일본인을 두둔하며 강제수
용소에 가두는 일에 극구 반대했습니다. 그는 일본인 중 3분의 2 이

황량한 사막 위에 세워진 일본인 수용소

상이 미국에서 태어난 이민 2, 3세로 일본어조차 제대로 하지 못할
정도로 미국화가 된 상태인지라 안보에 별다른 위협이 되지 않는다
고 주장했습니다. 하지만 미군 수뇌부의 생각은 달랐습니다. 군부는
선전포고도 없이 전쟁을 일으킬 정도로 비열한 일본인을 절대로 믿
지 말아야 하며, 미국 내 일본인을 가만히 내버려 둘 경우 군대시설을
파괴하거나 국가기밀 사항을 일본에 넘길 것이라고 주장했습니다.

1942년 2월 프랭클린 루스벨트 대통령은 고심 끝에 일본인의 강제
수용을 지시했습니다. 대통령의 한마디에 의해 일본인은 생활터전에
서 쫓겨나 강제 수용되었습니다. 학생들은 퇴학당하고 직장인은 회
사에서 쫓겨났습니다. 무려 12만 명이 넘는 일본인이 체포되어 서부

수용소에 갇히는 일본인들

지역 사막과 황무지에 임시로 마련된 수용소에 감금되었습니다. 나무로 대충 지어진 간이 건물에 수도나 난방시설도 제대로 갖추어지지 않아 생활환경은 열악하기 그지없었습니다. 작은 가옥에 간이침대, 담요 몇 장, 간단한 식기, 천장에 달린 전구 하나가 그들에게 지급된 보급품의 전부였습니다.

수용소 내에는 아이들 교육을 위한 학교는 물론 제대로 장비를 갖춘 병원도 없었고 수준 이하의 식재료가 공급되었습니다. 철조망으로 둘러싸인 수용소 곳곳에 감시초소가 세워져 기관총으로 무장한 군인들이 삼엄하게 일본인의 일거수일투족을 감시했습니다. 수용소에 갇히기 이전에 일본인은 대부분 중산층 이상의 삶을 살았기 때문

성조기에 대한 경례를 강요당한 일본인들

에 열악한 수용소생활에 적응하지 못해 많은 사람이 스트레스와 질
병으로 죽어 나갔습니다.

다만 일본인 중에서 백인과 피가 섞인 혼혈인은 수용소에 갇히지
않는 특권을 누렸습니다. 오로지 일본인만 수용소에 가두는 형태를
두고 일부 양심 있는 미국인들은 동양인을 무시하는 인종차별적 처
사라며 반발했지만, 이를 귀담아듣는 정치인은 없었습니다.

미군은 일본인들을 아침마다 성조기 앞에 세워 놓고 국기에 대한
경례를 강제하며 국가에 대한 충성 서약을 강요했습니다. 또한 일본
어 사용을 엄격히 금지해 영어가 서툰 일본인은 대화조차 제대로 할
수 없었습니다.

1945년 1월 일본의 패색이 짙어지자 미국 정부는 비로소 그들을 고향으로 돌려보냈습니다. 미국 정부는 3년 가까이 수용소에서 모진 고초를 당한 일본인들에게 합당한 피해 보상금은커녕 차비 명목으로 25달러만 주면서 사과 한 마디 없이 일을 마무리했습니다.

미군이 된 일본인

미국인들의 일본에 대한 반감이 극에 달하자 일본계 청년 중 상당수가 군에 입대해 미국에 대한 애국심을 증명하려고 했습니다. 미국 정부도 국가를 위해 충성을 다하겠다는 일본계 청년들의 애국심을 활용해 백인 군인 사망자 수를 줄이고자 했습니다. 하지만 미국 정부가 목숨 걸고 미국을 지키겠다고 나선 일본계 젊은이들을 차별하여 따로 분리해 입대시켰기 때문에 그들에게 백인과 함께 복무할 기회는 주어지지 않았습니다.

1943년 3월 미군은 일본인만으로 구성된 442연대를 창설해 전쟁에 참전하겠다고 나선 1만 명의 일본인 중 3,000여 명을 우선적으로 선발해 전쟁터에 내보냈습니다. 442연대 소속 군인들은 엄연히 미국에서 태어난 미국 시민이었지만, 적성국* 외국인으로 분류되어 전쟁터에 보내졌습니다. 442연대는 주로 위험한 전투에 투입되어 엄청난 인명피해를 입었습니다.

---

* 적으로 간주되거나, 전쟁 법규상 공격·파괴·포획 따위의 가해 행위를 할 수 있는 범위에 드는 국가.

일본인으로 구성된 442연대

대표적인 사례가 1944년 10월 유럽 전선에서 감행한 '잃어버린 대대 구출작전'이었습니다. 당시 141연대 소속 미군 211명이 프랑스 북동부 보주_{Vosges}산맥에서 독일군에 포위되어 꼼짝없이 몰살당할 위기에 처했습니다. 유럽 주둔 미군 사령부는 포위된 미군을 구출하는 위험한 임무를 442연대에 맡겨 작전을 수행하던 중 수많은 사상자를 낳았습니다. 6일 동안의 전투에서 54명이 전사하고 수백 명이 큰 부상을 당하는 심각한 피해를 입었지만 442연대는 임무를 완수했습니다.

이 일로 인해 미군 사령부는 막대한 희생자가 발생할 임무에 의도적으로 일본인 부대를 투입시켰다는 비난을 받기도 했지만, 이후에도 442연대는 위험한 전투에 계속 동원되었습니다. 제2차 세계대전

위험한 전투에
주로 동원된
442연대

보주산맥에서 임무를 수행하는 442연대

이 끝날 때까지 1만 4,000명의 일본인 2세가 자원입대해 442연대 소속으로 전투에 참전했고, 이 중 9,486명이 죽거나 부상을 당했습니다. 이는 기록적인 사상률로서 백인 군인의 3배에 달하는 수치입니다. 미국 정부는 442연대의 빛나는 전과를 인정해 부대원들에게 20개의 의회명예훈장, 560개의 은성무공훈장, 4,000여 개의 동성무공훈장을 수여했습니다.

세월이 한참 흐른 뒤, 1988년 미국 제40대 대통령 로널드 레이건 Ronald Reagan은 대국민 연설을 통해 제2차 세계대전 중 442연대가 보여준 용맹에 감사를 표했습니다. 아울러 당시 무고한 일본인을 수용소에 가둔 잘못에 대해 정부 차원에서 공식적으로 사과했습니다. 수용

일본계 미국인 강제수용을 사과하고 보상한 레이건 대통령

소에 감금당한 일본인 모두에게 1인당 2만 달러의 보상금을 지급하며, 비슷한 일이 재발하지 않도록 하겠다는 약속도 했습니다. 레이건 대통령의 진심 어린 사과에 일본인들 역시 미국 정부의 사과를 받아들여 극적인 화해가 이루어졌습니다.

제2차 세계대전 기간 중 일본은 주변 국가들을 무력 침공하며 많은 사람에게 씻을 수 없는 아픔을 주었지만 미국 정부처럼 진심 어린 사과를 한 적이 단 한 번도 없습니다. 이 점에서 미국 정부의 도덕성이 일본보다 한참 앞서 있음을 엿볼 수 있습니다.

제로센 전투기 설계자 호리코시 지로

일본이 명실상부한 세계 최강국 미국을 상대로 태평양 전쟁을 일으킨 데는 '뛰어난 무기제조 기술'이라는 믿는 구석이 있었습니다. 일본은 산업혁명에 가장 먼저 성공한 영국보다 근대화에 100년 가까이 늦었지만, 메이지 유신 이후 젊고 똑똑한 많은 인재를 유럽과 미국으로 보내 선진국의 과학기술을 습득하려고 노력했습니다. 또한 유럽과 미국의 뛰어난 학자들을 일본에 초빙해 깍듯이 예우하며 가르침을 받았습니다.

20세기에 이르러 일본은 선진국의 과학기술 수준에 근접해 선진국 반열에 올랐습니다. 1903년 미국의 라이트_{Wright} 형제가 세계 최초로 동력 비행기를 하늘에 띄우며 항공시대를 열었을 때, 이에 자극

도쿄대학 재학 시절의 호리코시 지로

받은 일본은 항공 산업 육성을 위해 전력을 기울였습니다. 다른 산업과 달리 항공 산업이 20세기 들어와서 시작되었기 때문에 후발 선진국도 한번 해 볼 만하다고 생각한 일본은, 1911년에 초보적 형태의 자국산 비행기를 시험 생산했습니다.

라이트 형제가 비행기를 타고 처음으로 하늘에 올랐던 해에 일본 항공 산업의 발전에 가장 중요한 역할을 하게 될 호리코시 지로堀越二郎가 군마현群馬縣의 농가에서 태어났습니다. 그는 어릴 적 우연히 목격한 비행기에 매료되어 비행기 개발에 인생을 걸기로 다짐했습니다. 1924년 지로는 도쿄대학에 신설된 항공학과에 입학해 본격적으로 비행기에 대해 공부했습니다.

당시 생긴 지 얼마 안 된 항공학과는 학생 수가 13명밖에 되지 않았지만, 일본 정부의 많은 지원 아래 마음껏 연구할 수 있는 분위기였습니다. 호리코시 지로는 도쿄대학에 입학하자마자 해군 항공대에 가서 영국제 연습기를 타볼 수 있는 기회를 얻었습니다. 당시는 비행기가 흔하지 않아 민간 비행기는 찾아볼 수 없었고, 군대에서만 소수의 항공기를 운용하고 있었습니다. 호리코시 지로는 도쿄대학을 우수한 성적으로 졸업한 후, 일본 최대 방위산업체인 미쓰비시 중공업에 입사해 비행기 개발업무를 담당했습니다.

1937년 일본이 중국을 침략하면서 전투기 수요가 늘어나자, 미쓰비시 중공업이 전투기 생산의 중심에 서게 되었습니다. 1938년 일본 해군은 운항거리가 매우 길면서 빠른 속도로 날 수 있는 고성능 전투기 개발을 미쓰비시 중공업에 요구했는데, 이 막중한 임무를 호리코시 지로가 떠맡았습니다. 하지만 당시 빠르고 멀리 날 수 있게 만드는 고성능 엔진을 가진 나라는 일본을 비롯해 전 세계에 하나도 없었습니다. 즉, 당시 일본의 기술력을 감안할 때 고성능 전투기를 만들기란 불가능에 가까웠습니다.

호리코시 지로는 기술력의 한계로 고성능 엔진을 단기간 내에 만들 수는 없었지만, 대신 '기체경량화'를 통해 해법 찾기에 성공했습니다. 전투기 기체가 가벼우면 적은 연료로도 멀리 그리고 빨리 날 수 있기 때문에, 기체의 무게를 줄이는 데 심혈을 기울였습니다. 동체를 이루는 금속판은 최소한의 두께로 만들었고, 조종사와 연료통을 보호하기 위해 붙이는 장갑판조차 생략했습니다. 더욱이 전투기 뼈대를 이루는 골조 내부까지 비워서 최경량 비행기를 제조했습니다.

1940년 호리코시 지로가 만든 신형 전투기는 기동력이 뛰어나고 항속거리가 길어 일본 해군의 요구사항을 모두 충족했습니다. 이로써 일본군의 대표 전투기인 '제로센'이 탄생했습니다. 신형 전투기가

비행기의 경량화로 성능을 높인 제로센 전투기

'제로센'이라 불린 데는 일본만의 독특한 연도 표기법이 한몫했습니다. 일본은 예수의 탄생을 기원으로 하는 서양식 연도 표기법인 '서기西紀'가 아닌, 천황제가 시작된 기원전 660년을 원년으로 하는 독자적인 황기皇紀를 사용해 왔습니다. 제로센이 처음으로 해군에 배치된 1940년은 황기 2600년이 되는 해로서 끝에 숫자 '0'이 두 개나 붙어 있기 때문에, 숫자 0의 영어 표기인 제로zero와 전투기의 일본어 발음인 '센토키'의 첫 글자 '센'을 합쳐 제로센이라는 명칭이 만들어졌습니다.

이후 대량생산된 제로센은 1941년 12월 진주만 공습 때 처음으로 실전에 활용되어 3,600명 넘는 미국인을 죽음으로 몰아넣었습니다. 태평양 전쟁 초기, 미군 전투기 중 제로센보다 빠르고 공중선회 능력이 좋은 전투기는 없었습니다. 제로센은 공중에서 미군 전투기를 만

제로센보다 튼튼하고 강력한 콜세어 전투기

나면 순식간에 방향을 바꿔 유리한 위치를 선점한 다음 미군기를 공격해 격추했습니다.

　가볍고 빠른 제로센은 하늘 위에서 한동안 적수가 없을 정도로 압도적인 성능을 과시해, 당시 미군 조종사들에게 공포의 대상이었습니다. 제로센은 일본 과학기술의 상징으로서 일본 사람들에게 무한한 자부심을 심어 주었습니다.

　세계 최고 수준의 과학기술을 보유한 미국은 항공 분야의 뛰어난 인재를 끌어모아 제로센을 능가하는 전투기 개발에 전력을 다했습니다. 그 과정에서 기존에 없던 다양한 신기술이 개발되었습니다. 또한 불시착한 제로센을 완전 분해해, 비행기가 너무 얇게 제작되었다는 약점도 파악해 냈습니다.

미국은 제로센처럼 출력이 약한 엔진을 사용하고도 경량화로 속도를 높이고 운항거리를 늘리는 방법 대신, 엄청난 힘을 뿜어내는 고출력 엔진을 개발하는 데 주력했습니다. 마침내 1942년 수많은 시행착오 끝에 제로센과는 비교도 되지 않는 막강한 성능을 지닌 고출력 엔진이 개발되어, 동체를 튼튼히 만들고도 멀리 날 수 있는 콜세어Corsair 전투기가 제작되었습니다.

　이후 펼쳐진 공중전에서 제로센은 콜세어 전투기에 고전을 면치 못하고 계속해서 격추되었습니다. 동체를 두꺼운 철판으로 만든 콜세어 전투기는 제로센의 공격을 받고도 잘 견뎌 냈지만 동체가 얇은 제로센은 단 한 번의 공격에도 쉽게 격추되었습니다. 제로센은 기동력을 얻기 위해 방어력을 희생한 탓에 조금만 총격을 받아도 견디지 못하고 불이 붙어 '하늘을 날아다니는 불쏘시개'라는 별명으로 불리

막강한 성능의 콜세어 전투기

기도 했습니다.

당시 공중전은 요즘처럼 먼 거리에서 미사일로 공격을 하는 것이 아니라, 아주 가까운 거리에서 기관총으로 적기를 격추하는 형태의 근접전이었습니다. 따라서 수많은 비행기가 하늘에서 근접전을 벌이다가 서로 부딪치는 경우가 많았는데, 그럴 때마다 제로센은 영락없이 파괴되어 추락하고 말았습니다. 일본군은 튼튼한 콜세어 전투기를 격추시키기 위해 제로센에 강력한 기관총을 설치했지만, 이로 인해 더 많은 제로센 전투기가 미군에 의해 격추되었습니다. 새로이 장착한 기관총이 너무 무거워 제로센의 속력이 이전보다 느려졌기 때문입니다.

제로센은 한때 세계 최강의 전투기였지만 하늘의 제왕 자리를 2년도 채 지키지 못하고 몰락했습니다. 게다가 미드웨이 해전*에서 일본군 최정예 전투기 조종사가 대거 사망하면서 제로센의 입지는 더욱 좁아졌습니다. 이 모든 것은 제로센의 설계자 호리코시 지로가 처음 설계할 때부터 조종사의 생명을 지키는 데 관심을 두기보다는 해군이 요구하는 조건에 부합하는 전투기를 만들려고 했기 때문입니다.

시간이 흐를수록 제로센은 미군기의 만만한 사냥감이 되어 끊임없이 격추되었고, 태평양 전쟁 막판에는 자살폭탄 특공대의 가미카제

---

* 태평양 전쟁 초기인 1942년 6월 5일에서 7일까지 하와이 북서쪽 미드웨이 바다에서 벌어진 대규모 해전. 미국과 일본 해군이 서로 충돌했으며, 이 싸움에서 승리한 미국은 태평양 전선에서의 작전 주도권을 잡았다.

전용기가 되는 수모를 겪기도 했습니다. 학도병 출신 신출내기 가미카제 특공대원은 세계에서 가장 얇은 동체의 전투기 제로센을 타고 천황과 국가를 위해 목숨을 헌신짝처럼 버리는 일을 해야 했습니다.

　호리코시 지로가 만든 제로센 때문에 진주만에서 수천 명의 미국인이 죽었고 이후에도 이보다 더 많은 수의 일본군 조종사가 하늘에서 쓰러져 갔지만, 호리코시 지로는 단 한 번도 사과한 적이 없습니다. 오히려 그는 자서전에서 '일본군의 요구에 따라 제로센을 만든 것은 자랑스러운 일이며 제로센을 더 많이 만들지 못한 것이 아쉽다.'라고 말했을 정도로 자신의 일에 자부심을 가지고 있었습니다.

독일의 융커스

　호리코시 지로가 일본 정부의 뜻에 따라 전투기 만드는 일에 적극 앞장선 데 비해, 독일 항공 산업의 아버지 휴고 융커스Hugo Junkers, 1859~1935는 다른 길을 걸었습니다. 휴고 융커스 박사는 히틀러가 등장하기 이전부터 독일 최대 민간용 항공기 제조회사인 융커스를 소유한 엔지니어 겸 기업인이었습니다. 1933년 권력을 잡은 히틀러는 막강한 공군력을 갖추기 위해 휴고 융커스 박사의 도움이 절실히 필요했기 때문에 그에게 민간용 항공기 대신 군용기를 만들도록 요구했습니다. 융커스사가 만든 항공기는 히틀러가 전용기로 사용할 만큼 독일에서 가장 뛰어난 성능을 자랑했습니다. 하지만 평화주의자였던 융커스 박사는 히틀러의 요구를 단번에 거절했습니다.

이후로도 히틀러는 융커스 박사를 회유하기도 하고 때로는 협박하기도 하면서 그가 가진 천부적인 항공기 설계 기술을 이용하려고 했습니다. 하지만 융커스 박사는 끝내 사람을 죽이는 데 활용되는 군용기 제작에 협조하지 않았습니다. 화가 난 히틀러는 1933년 융커스사의 경영권과 특허기술을

독일 항공기 산업을 개척한 휴고 융커스

몰수하며 아무런 대가 없이 회사를 빼앗았습니다. 1934년 융커스 박사는 나치에게 자신이 개발한 항공기 제작기술이 넘어가는 것을 막

뛰어난 성능으로 유명했던 융커스기

기 위해 설계도를 가지고 해외로 망명하려다 체포되어 법원에서 국가 반역죄로 유죄판결을 받기도 했습니다.

나치는 융커스가 75세에 이르는 고령임을 감안해 그를 수용소에 가두는 대신 집에서 한 발짝도 나오지 못하도록 하는 가택연금에 처했습니다. 융커스 박사는 이듬해 2월 76세를 일기로 세상을 떠날 때까지 나치에 협조하지 않고 평소의 소신대로 평화주의자로서 삶을 마쳤습니다.

독일인들은 반전 평화 사상에 투철했던 융커스의 숭고한 뜻을 기리기 위해 그의 고향에 기념관을 세웠습니다. 독일인뿐 아니라 전 세계에서 해마다 많은 사람이 융커스 기념관을 방문해 그가 걸었던 길을 되새기고 있습니다.

양심에 따라 행동한 일본 외교관 스기하라 지우네

제2차 세계대전 당시 일본인들은 아시아뿐 아니라 전 세계 사람들에게 큰 고통을 주었지만, 일본인 중에는 의로운 사람도 적지 않았습니다. 군국주의* 일본 사회에서 양심을 저버리지 않은 사람 중에 가장 대표적인 인물이 스기하라 지우네杉原千畝입니다. 1900년 기후현岐阜

---

* 국가의 가장 중요한 목적을 군사력에 의한 대외적 발전에 두고, 전쟁과 그 준비를 위한 정책이나 제도를 국민 생활 속에서 최상위에 두려는 이념. 또는 그에 따른 정치 체제. 고대의 로마 제국·근대의 프로이센 제국·제2차 세계대전 때의 독일·이탈리아·일본 따위가 대표적인 예이다.

縣에서 출생한 스기하라는 명문 와세다대학에 다니던 도중 외무성의 국비 장학생이 되어 중국 하얼빈哈爾濱으로 유학을 가게 되었습니다.

당시 중국 하얼빈에는 소련 사람이 많았기 때문에 스기하라는 자연스럽게 러시아어를 익힐 수 있었습니다. 그는 같이 유학한 사람들 중 가장 빨리 러시아어를 습득해,

러시아어에 재능을 가진 스기하라

1924년 외무성의 정식 외교관이 되면서 성공가도를 달리기 시작했습니다. 일본 외무성 내에서 가장 뛰어난 러시아어 실력을 갖추고 있던 그는 소련 전문 외교관으로 활동하며 두각을 나타냈습니다. 스기하라는 소련과의 협상 때마다 전면에 나서서 일본의 국익을 지켜 냈습니다. 그는 과거 소련 여인과 결혼한 경험이 있었기에 누구보다도 소련 사람에 대해 잘 알고 있었습니다.

1939년 일본 외무성은 스기하라를 소련 주재 일본 대사관으로 보내려고 했지만 소련 정부는 이를 허락하지 않았습니다. 소련 당국은 스기하라를 '페르소나 논 그라타persona non grata', 즉 외교상 기피 인물로 분류해 입국을 거부했습니다. 어느 나라든지 자국에 부임하려는

스기하라가 일한 리투아니아의 일본 대사관

외교관이 마음에 들지 않을 경우, 외교상 관례로 그 이유를 밝히지 않고 거부할 수 있었습니다. 소련 정부는 스기하라를 거부한 이유를 상세히 밝히지는 않았지만, 러시아어를 원어민 수준으로 자유롭게 구사할 수 있는 그를 평소에도 경계해 왔습니다. 또한 스기하라의 탁월한 정보수집 능력도 그를 기피하게 만든 중요한 원인이 되었습니다.

스기하라는 평소 꼭 가고 싶었던 소련 대사관에 부임할 수 없었지만, 그 대신 소련과 국경을 접한 작은 나라 리투아니아 주재 일본 대사관으로 가게 되었습니다. 그는 리투아니아에서 소련에 관한 정보수집에 뛰어난 능력을 발휘하며 조직 내에서 실력을 인정받고 있었습니다.

생존 위기에 몰린 유대인

　1939년 9월 히틀러가 폴란드를 침공하자, 독일과 동맹관계에 있던 소련은 리투아니아를 점령해 자국 영토로 만들었습니다. 소련은 리투아니아를 점령한 후 현지에 개설된 대사관의 폐쇄를 요구했습니다. 이제부터 리투아니아는 주권국이 아닌 소련의 일부가 되었기 때문에 대사관을 둘 수 없다는 것이 소련 정부의 입장이었습니다. 대부분의 국가가 소련 정부의 압박에 못 이겨 대사관을 철수할 때, 일본은 끝까지 대사관을 유지한 몇 안 되는 나라였습니다.

　그런데 나치 독일이 폴란드의 유대인을 학살하기 시작하면서 1940년부터 무수히 많은 유대인이 살기 위해 리투아니아로 건너오기 시작했습니다. 당시 소련과 나치 독일은 동맹관계였기 때문에 리투아니아로 몰려온 유대인은 재빨리 다른 나라로 떠나지 못하면 독일로 송환되어 학살당할 처지에 놓여 있었습니다.

한순간에 난민이 된 폴란드의 유대인들은 영국, 네덜란드 등 그때까지 리투아니아에서 해외 공관을 운영하고 있던 나라의 대사관을 찾아가 입국비자를 신청했지만, 모두 매몰차게 거절당했습니다. 이유는 간단했습니다. 그들에게 괜히 입국비자를 내줌으로써 당시 유대인 학살에 열을 올리고 있던 히틀러를 자극하고 싶지 않았기 때문입니다.

리투아니아 주재 각국 대사관에서 입국비자 발급을 거절당한 유대인은 마지막으로 일본 대사관에 몰려갔습니다. 일본 대사관 앞에 수천 명의 유대인이 진을 치고 입국비자를 받기 위해 줄을 섰습니다. 당시 일본 정부는 유대인 문제에 대해 겉으로는 중립적인 자세를 취하고 있었지만, 실질적으로는 히틀러 편을 들어 주고 있었습니다. 일본은 동맹국 독일과 좋은 관계를 유지하기 위해 독일의 폴란드 침략 직후 유대인에 대한 입국비자 조건을 매우 까다롭게 바꾸어, 사실상 정상적인 방법으로 일본 입국비자를 받을 수 있는 유대인은 거의 없었습니다.

일본 외무성은 스기하라에게 공문을 보내 새 규정대로 유대인 문제를 처리하라고 지시했습니다. 하지만 스기하라는 규정대로 하면 대사관 밖에서 며칠째 기다리고 있는 유대인 중 비자를 받을 수 있는 사람이 거의 없음을 알고, 본국 외무성에 규정을 완화해 달라고 요청

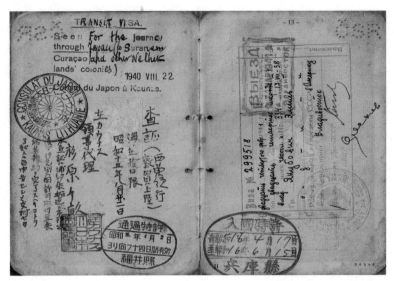

했습니다. 일본 정부는 강경한 태도로 규정에 따라 비자를 발급하라고 압박했습니다. 스기하라는 다시 한 번 규정 완화를 호소했지만 외무성은 만약 임의대로 비자를 발급할 경우 엄중하게 책임을 묻겠다고 경고했습니다.

　스기하라와 외무성이 갈등을 빚고 있는 사이 유대인에게 좋지 않은 소식이 날아들었습니다. 히틀러가 폴란드에서 리투아니아로 도망간 유대인의 강제송환을 소련에 요구하는 바람에 이들의 운명이 위태로워진 것입니다. 1940년 7월 말 스기하라는 일본 외무성의 지시를 무시하고 유대인에게 비자를 발급하기 시작했습니다. 당시만 해도 비자발급은 외교관이 편지 형식의 장문을 일일이 손으로 써야 했기 때문에 시간이 많이 필요했습니다. 스기하라는 밤잠도 제대로 자지 못하고 계속 비자를 만들어 유대인에게 발급해 주었습니다.

이 사실을 알게 된 나치 독일이 길길이 날뛰며 동맹국 일본에 강하게 항의했습니다. 일본 정부는 스기하라에게 공문을 보내 당장 비자발급을 중단할 것을 요구했지만, 그는 상부의 명령을 어긴 채 하루 20시간씩 비자를 만들었습니다. 일본 정부는 자국 외교관이 공식적으로 발행한 비자를 가진 유대인의 입국을 거부할 수 없었습니다.

유대인 비자발급 문제로 일본과 독일 양국 간의 관계가 험악해지자, 일본 외무성은 스기하라를 독일 베를린 주재 대사관으로 발령을 내며 더 이상 비자발급을 하지 못하도록 특단의 조치를 내렸습니다. 스기하라는 7월 말부터 독일로 쫓겨나는 9월 초까지 비자발급을 지속했습니다. 심지어 베를린으로 향하는 기차를 타고서도 출발하기 전까지 비자를 만들었습니다. 기차가 떠나기 시작하자, 그는 본인 서명이 담긴 비자 관련 서류 뭉치와 도장을 창문 밖으로 던져, 피난민 스스로가 비자를 완성할 수 있도록 마지막까지 배려를 아끼지 않았습니다.

스기하라가 발행한 비자는 번호를 붙여 기록에 남긴 것만 2,139장에 이르며, 시간을 절약하기 위해 도중에 기록을 중단했기 때문에 실제 발행된 비자 수는 이보다 훨씬 많을 것이라 추정되고 있습니다. 게다가 한 장의 비자만 있어도 가족 모두가 혜택을 볼 수 있었기 때문에 스기하라 덕분에 목숨을 구한 사람은 최소한 6,000명이 넘을 것이라고 추산됩니다.

일본 비자를 손에 넣은 폴란드의 유대인은 시베리아 횡단열차를 타고 블라디보스토크를 거쳐 배를 이용해 일본에 입국했습니다. 일본에 도착한 그들은 다시 미국이나 남미 등 유대인 공동체가 발달된 나라로 이주해 새로운 삶을 살 수 있게 되었습니다.

하지만 스기하라가 리투아니아를 떠난 뒤, 폴란드에서 이주해 온 유대인의 운명은 비참했습니다. 1941년 히틀러는 동맹관계를 깨고 소련을 침공해 리투아니아도 점령했습니다. 그리하여 당시 리투아니아에 살던 20만 명 넘는 유대인이 예외 없이 아우슈비츠로 끌려가 비극적인 학살의 희생양이 되었습니다.

베를린 주재 일본 대사관으로 발령받은 스기하라는 얼마 후 독일의 보호령이었던 체코에 총영사로 부임했지만, 전쟁 막바지에 소련

끝까지 스기하라를 찾아내 예루살렘에 기념식수와 비석을 만든 이스라엘

군이 체코를 점령하면서 포로 신세가 되었습니다. 스기하라는 소련 군에 의해 8개월 동안 구금되었다가 전쟁이 끝난 뒤에야 풀려났습니다. 그러나 겨우 살아서 일본으로 돌아온 스기하라가 맞이한 것은 외무성에서 쫓겨나는 일이었습니다. 일본 외무성은 훈령을 어기고 유대인을 도와준 스기하라를 강제로 몰아내며, 상부 지시를 어긴 자의 최후가 어떠한지 본보기로 삼으려 했습니다.

스기하라 가족을 초청해 기념식수를 하는 리투아니아 대통령

제2차 세계대전이 막을 내린 후 유대인의 나라 이스라엘이 건국되자, 이스라엘 정부는 힘든 시절 유대인을 도와준 사람들을 일일이 찾아 고마움을 전하는 일을 시작했습니다. 스기하라의 선행을 알게 된 이스라엘 정부는 그에 대한 자료를 일본 외무성에 요청했습니다. 하지만

스기하라 기념 우표를 제작한 리투아니아 정부

일본 외무성은 '스기하라杉原, Chiune Sugihara라는 사람은 과거에도 현재에도 존재하지 않는다.'며 그의 존재 자체를 부정했습니다. 그러나 이스라엘 정부는 끝까지 스기하라를 찾아내, 1969년 그에게 훈장을 수여하고 예루살렘 언덕에 그의 선행을 기리는 공적비를 세웠습니다.

그렇지만 일본 정부와 극우 세력에게 스기하라는 국가의 명령에 복종하지 않은 문제아에 지나지 않아, 의인도 영웅도 아니었습니다. 정부의 심기를 거슬러 공직에서 쫓겨난 스기하라는 받아주는 곳이 없어, 어학 실력을 바탕으로 무역상 및 번역자로 생활을 꾸려 갔으나 가난을 면치 못했습니다. 스기하라는 죽기 전 가족에게 "나는 사람들이 나를 필요로 할 때, 내 양심에 비추어 가장 옳다고 믿는 일을 했다. 단 한 번도 나의 선택을 후회한 적이 없다."라는 말을 남긴 채 1986년 쓸쓸히 생을 마감했습니다.

원자폭탄 이야기

지금으로부터 2,400여 년 전 철학자 데모크리토스Democritos는 원자 *를 세상 만물의 근원으로 바라보았습니다. 더 이상 쪼갤 수 없는 원자는 물질의 구성단위를 이루며, 생성이나 소멸하지 않는 영원한 존재라고 여겨졌습니다. 데모크리토스 이후로도 원자에 대한 여러 가지 가설이 나왔지만 실험장비 부족으로 인해 20세기 이전까지는 원자의 존재를 직접 확인할 수 없었습니다.

1933년 나치 독일 시대가 열리면서 아돌프 히틀러의 전폭적인 후원 아래 독일 과학자들의 원자에 대한 연구가 본격화되기 시작했습니다. 1938년 독일 과학자 오토 한Otto Hahn과 프리츠 슈트라스만Fritz Strassmann이 중성자를 이용해 우라늄 235**를 연쇄적으로 핵분열시킬 수 있다는 사실을 발견했습니다. 1930년대까지만 해도 독일이 핵물리학 분야에서 세계 최고 수준이었으며, 미국의 물리학은 독일에 비해 상당히 뒤처져 있었습니다.

당시 나치 독일은 제1차 세계대전 패전국으로서 베르사유조약***에 의해 재래식 무기에 대한 개발과 보유가 엄격히 제한되어 있었습니다. 히틀러는 머지않은 미래에 일어날 전쟁에서 확실한 승기를 잡기 위해 새로운 형태의 무기가 필요했는데, 그 대안이 바로 원자폭탄이

---

* 원소의 성질을 잃지 않으면서 물질을 이루는 최소 입자.
** 자연계에 존재하는 우라늄의 방사성 동위원소로서 핵무기 제조에 필요하다.
*** 제1차 세계대전이 연합국의 승리로 막을 내리자 1919년 6월 승전국인 연합국과 패전국 독일의 대표가 프랑스 베르사유 궁전에 모여 맺은 강화조약.

었습니다.

1939년 9월 독일의 폴란드 침공으로 제2차 세계대전이 시작되고 나서 얼마 후 유럽 대부분의 지역이 나치 독일에 점령당하자, 수많은 유럽 과학자가 자유를 찾아 미국으로 건너갔습니다. 유럽 전역에 흩어져 있던 세계 최고의 두뇌들이 미국이라는 한 나라로 몰려든 것은 인류 역사상 처음 있는 일이었습니다.

제2차 세계대전을 계기로 미국이 세계 과학계를 주름잡은 데는 유럽에서 망명해 온 과학자들의 영향이 절대적이었습니다. 유럽에서 건너온 수많은 과학자 중 가장 주목받은 인물은 독일 태생의 앨버트 아인슈타인Albert Einstein이었습니다. 아이작 뉴턴Isaac Newton 이래 가장 위대한 물리학자로 주목받던 아인슈타인은 1921년 노벨 물리학상을 수상하며 진가를 확인시켜 주었습니다.

1933년 히틀러가 정권을 잡고 유대인에 대한 탄압을 시작하자, 아인슈타인은 나치의 박해를 피해 미국에 정착했습니다. 그는 물리학의 오지나 다름없던 미국에서 연구활동을 계속하며 과학발전에 지대한 영향을 주었습니다. 미국 내에서 그 누구보다 영향력 있는 인물이 된 아인슈타인은 위인전에 단골로 등장하는 주인공이 되기도 했습니다.

1939년 8월 2일 아인슈타인은 프랭클린 루스벨트 대통령에게 원자폭탄 개발을 요구하는 편지 한 통을 보냈습니다. 평화주의자로 살았던 아인슈타인이 '나치 독일 과학자들이 핵무기를 개발하기 전에

Albert Einstein
Old Grove Rd.
Nassau Point
Peconic, Long Island

August 2nd, 1939

F.D. Roosevelt,
President of the United States,
White House
Washington, D.C.

Sir:

Some recent work by E.Fermi and L. Szilard, which has been communicated to me in manuscript, leads me to expect that the element uranium may be turned into a new and important source of energy in the immediate future. Certain aspects of the situation which has arisen seem to call for watchfulness and, if necessary, quick action on the part of the Administration. I believe therefore that it is my duty to bring to your attention the following facts and recommendations:

In the course of the last four months it has been made probable - through the work of Joliot in France as well as Fermi and Szilard in America - that it may become possible to set up a nuclear chain reaction in a large mass of uranium, by which vast amounts of power and large quantities of new radium-like elements would be generated. Now it appears almost certain that this could be achieved in the immediate future.

This new phenomenon would also lead to the construction of bombs, and it is conceivable - though much less certain - that extremely powerful bombs of a new type may thus be constructed. A single bomb of this type, carried by boat and exploded in a port, might very well destroy the whole port together with some of the surrounding territory. However, such bombs might very well prove to be too heavy for transportation by air.

-2-

The United States has only very poor ores of uranium in moderate quantities. There is some good ore in Canada and the former Czechoslovakia, while the most important source of uranium is Belgian Congo.

In view of this situation you may think it desirable to have some permanent contact maintained between the Administration and the group of physicists working on chain reactions in America. One possible way of achieving this might be for you to entrust with this task a person who has your confidence and who could perhaps serve in an inofficial capacity. His task might comprise the following:

a) to approach Government Departments, keep them informed of the further development, and put forward recommendations for Government action, giving particular attention to the problem of securing a supply of uranium ore for the United States;

b) to speed up the experimental work, which is at present being carried on within the limits of the budgets of University laboratories, by providing funds, if such funds be required, through his contacts with private persons who are willing to make contributions for this cause, and perhaps also by obtaining the co-operation of industrial laboratories which have the necessary equipment.

I understand that Germany has actually stopped the sale of uranium from the Czechoslovakian mines which she has taken over. That she should have taken such early action might perhaps be understood on the ground that the son of the German Under-Secretary of State, von Weizsäcker, is attached to the Kaiser-Wilhelm-Institut in Berlin where some of the American work on uranium is now being repeated.

Yours very truly,
A. Einstein
(Albert Einstein)

아인슈타인이 루스벨트에게 보낸 편지

THE WHITE HOUSE
WASHINGTON

October 19, 1939

My dear Professor:

I want to thank you for your recent letter and the most interesting and important enclosure.

I found this data of such import that I have convened a Board consisting of the head of the Bureau of Standards and a chosen representative of the Army and Navy to thoroughly investigate the possibilities of your suggestion regarding the element of uranium.

I am glad to say that Dr. Sachs will cooperate and work with this Committee and I feel this is the most practical and effective method of dealing with the subject.

Please accept my sincere thanks.

Very sincerely yours,

Franklin D. Roosevelt

Dr. Albert Einstein,
Old Grove Road,
Nassau Point,
Peconic, Long Island,
New York.

루스벨트가
아인슈타인에게 보낸 답장

미국이 먼저 원자폭탄을 개발해야 한다.'라고 설득해 결국 루스벨트는 핵개발에 착수하기로 마음먹었습니다. 아인슈타인이 원자폭탄 개발을 주장했던 이유는 전체주의'로부터 자유민주주의를 지키기 위한 순수한 마음 때문이었습니다.

맨해튼 프로젝트

1939년 프랭클린 루스벨트 대통령이 '맨해튼 프로젝트'라고 불리는 원자폭탄 개발 계획을 추진하면서 인류는 '원자폭탄'이라는 괴물을 만들기 시작했습니다. 맨해튼 프로젝트는 역사상 가장 많은 인원과 자금이 투입된 연구개발 프로젝트였습니다. 원자폭탄 개발을 위해 무려 13만 명의 인원과 오늘날의 화폐가치로 30조 원이 넘는 엄청난 자금이 투입되었습니다.

그 중심에는 나치 독일 히틀러의 박해가 없었다면 결코 한 자리에 모일 수 없는 유럽 최고의 과학자가 있었습니다.

미국 정부는 비밀을 유지하기 위해 뉴멕시코주 로스앨러모스

맨해튼 프로젝트

---

* 개인보다는 민족이나 국가의 중요성을 강조하는 사상. 민족이나 국가를 위해 개인의 자유를 희생할 수 있어 문제가 발생할 여지가 많다.

외부와 격리된 로스앨러모스 연구소

Los Alamos에 세계 최대 규모의 연구소를 세웠습니다. 로스앨러모스는 높은 산과 깊은 골짜기로 둘러싸여 외부와 철저히 격리되었기 때문에 비밀 프로젝트를 수행하기에 최적의 장소였습니다. 하지만 황량한 로스앨러모스에 급조된 연구소에서의 생활은 열악하기 그지없었습니다. 포장되지 않은 길은 진흙투성이였고, 난방용으로는 석탄이 제공되었습니다. 연구소에 차출된 사람은 모두 암호명을 받아서 사용했으며, 가족을 포함한 그 누구에게도 연구소의 일을 발설하지 않는다는 각서를 써야 했습니다.

로스앨러모스 연구소는 높은 담과 철조망이 겹겹이 둘러싸고 있어 거대한 감옥과 다를 바 없었습니다. 하지만 원자폭탄 개발에 참여한 사람 모두, 히틀러가 원자폭탄을 만들기 전에 미국이 먼저 만들어야

세계의 유능한 과학자들이 집결한 로스앨러모스 연구소

전체주의로부터 자유진영을 지킬 수 있다는 사명감으로 기꺼이 불편
을 감수했습니다. 그들에게는 원자폭탄이 인류를 파멸로 이끌 수 있
다는 염려를 할 겨를이 없었습니다.

죽음의 신, 오펜하이머

프랭클린 루스벨트 대통령은 로스앨러모스 연구소에 모인 13만 명
의 대규모 인력을 이끌어 갈 탁월한 리더십의 소유자를 뽑아야 했습
니다. 미국을 포함해 유럽 전역에서 모여든 세계 최고 수준의 과학자
들은 쓰는 언어가 다양하고 개성이 강해 무리 없이 조직을 이끌기가
쉽지 않은 상황이었습니다. 프랭클린 루스벨트는 뜻밖에도 37세의
젊은 미국 물리학자 로버트 오펜하이머Robert Oppenheimer에게 연구소장

젊은 나이에 연구소장이 된 오펜하이머

의 임무를 맡겼습니다.

이를 두고 많은 사람이 연구소장 인선이 잘못되었다고 비난했습니다. 사람들은 나이 어리고 경험도 부족한 과학자가 나이와 경륜이 많은 대선배들을 이끌어 갈 수 없다고 생각했습니다. 하지만 오펜하이머는 주위의 우려와 달리 탁월한 리더십을 보여주었습니다.

1904년 4월 뉴욕의 부유한 유대인 가정에서 태어난 오펜하이머는 어릴 적부터 과학에 탁월한 재능을 보였습니다. 1925년 하버드대를 최우수 성적으로 졸업한 그는 '노벨상의 전당'으로 불리며 무려 29명의 노벨상 수상자를 배출한 영국 케임브리지Cambridge 대학교 부설 캐번디시Cavendish 물리학연구소에서 공부를 이어 갔습니다. 캐번디시연구소는 영국 과학계의 자존심으로서 세계 최고 석학들의 요람입니다.

오펜하이머는 영국에서 공부를 마친 후 당시로서는 최신 학문인 '양자역학'을 배우기 위해 독일로 건너갔습니다. 그는 양자역학으로 명성을 얻고 있던 괴팅겐Göttingen 대학에서 베르너 하이젠베르크Werner Heisenberg, 엔리코 페르미Enrico Fermi, 볼프강 파울리Wolfgang Pauli 등 20세기

고순도 우라늄 추출기

물리학을 이끌어 가게 될 천재들과 함께 어깨를 겨루었습니다.

　오펜하이머가 미국에 돌아오자 그의 능력을 알아본 하버드대 등 여러 명문 대학교에서 교수직을 제안했을 정도로 그는 전도유망한 젊은 과학자였습니다. 그는 25세의 나이에 버클리Berkeley대학교 교수가 되어 뛰어난 연구 성과를 이어 가던 중, 로스앨러모스 연구소장으로 발탁되었습니다. 물리 · 화학 등 과학의 여러 분야에 조예가 깊던 오펜하이머는 8개 국어에 능통해 연구소에 있는 모든 사람과 자유로운 의사소통이 가능했습니다.

막대한 비용과 인력이 투입된 맨해튼 프로젝트

　오펜하이머의 지휘 아래 사상 최대의 원자폭탄 개발 프로젝트가 추진되었습니다. 시간이 흐를수록 그동안 풀지 못했던 수많은 난제가 하나씩 풀리며 핵무기 개발에 조금씩 가까이 다가섰습니다. 미국뿐 아니라 독일 역시 원자폭탄 개발을 추진했지만 자금과 인력 부족으로 개발에 난항을 겪고 있었습니다. 특히 우라늄 235를 농축하는 작업과 기폭장치를 개발하는 일에는 막대한 비용이 필요했는데, 부유한 미국만이 그 엄청난 비용을 감당할 수 있었습니다.

　원자폭탄 연구개발이 한창이던 1945년 4월 30일 연합군에 연전연패를 당해 궁지에 몰린 히틀러가 지하벙커에서 자살하면서 나치 독

실험용 원자폭탄 트리니티

트리니티를 설치하는 장면

엄청난 파괴력을 견디지 못해
증발해 버린 철탑

일이 항복을 선언했습니다. 원래 미국이 원자폭탄을 개발하려는 목
적은 독일이 핵무기를 먼저 개발해 세계를 정복하는 것을 막기 위해
서였습니다. 하지만 독일이 패망함으로써 원자폭탄의 위험이 사라진
이상, 미국도 원자폭탄 개발을 지속해야 할 이유가 없어졌습니다. 독
일이 항복하자, 로스앨러모스 연구소에서 일하던 과학자들은 자신들
이 하는 일에 대해 다시 생각하게 되었습니다.

그들은 자신이 개발하는 원자폭탄이 인류를 파멸의 구렁텅이로 몰
아넣을 수 있다는 사실을 깨닫고 미국 정부에 원자폭탄 개발을 중단
할 것을 요구했지만 묵살되었습니다. 미국 정부 입장에서는 이미 너

최초의 원자폭탄인 트리니티의 폭발

무나 많은 비용을 맨해튼 프로젝트에 투입했기 때문에 반드시 가시
적인 성과를 내야 하는 상태였습니다.

결국 핵개발은 계속 진행되어 1945년 7월 16일 최초의 원자폭탄

실험이 뉴멕시코주 사막 한복판에서 실시되었습니다. 연구원들은 원자폭탄의 파괴력을 측정하기 위해 30미터 높이의 강철로 된 탑을 실험장 한가운데 설치했습니다. '트리니티 Trinity'라 이름 지어진 최초의 원자폭탄이 육중한 철탑에 매였고, 얼마 후 많은 과학자들이 지켜보는 앞에서 폭발했습니다.

과학자들은 고성능 폭탄 티엔티 TNT 5,000톤 규모의 파괴력을 예상했지만, 실제 폭발 위력은 티엔티 2만 톤을 넘었습니다. 폭발의 위력이 어찌나 대단했던지 원자폭탄을 매달아 두었던 30미터짜리 철탑이 폭탄이 내뿜는 열기로 아예 증발해 버렸습니다. 또한 인근의 모래는 고온으로 인해 모두 녹아 유리처럼 변했습니다.

폭발은 100만 분의 1초 안에 일어났고, 지속 시간은 200만 분의 1초에 불과했습니다. 이처럼 극히 짧은 순간에 막대한 양의 에너지가 방출되면서 수백만 도의 열이 발생했습니다. 뜨거운 열은 공기를 가열시키고, 가열된 공기는 불덩어리를 형성해 주변을 모두 태워 버렸습니다. 이 과정에서 인근의 산소를 빨아들여 버섯 모양의 구름이 하늘 높이 치솟았습니다.

폭발실험을 지켜보던 과학자들은 쾌재를 부르기는커녕, 원자폭탄의 엄청난 위력에 매우 큰 충격을 받았습니다. 원자폭탄 개발을 총지휘한 오펜하이머는 "나는 세계의 파괴자, 죽음의 신이 되었다."라고 말하며 자신이 한 일을 후회했습니다. 아인슈타인 역시 원자폭탄의 파괴력에 크게 놀라, 프랭클린 루스벨트 대통령에게 핵개발을 촉구하는 편지를 보낸 일을 평생 동안 후회했습니다. 이후 아인슈타인은 반핵운동가가 되어 핵무기 없는 세상을 꿈꾸었지만 시간이 흐를수록 원자폭탄을 보유하는 국가는 계속 늘어만 갔습니다.

뚱뚱이와 꼬마 폭탄

1945년 4월 12일 프랭클린 루스벨트 미국 대통령이 급사하자, 해리 트루먼이 부통령 취임 83일 만에 대통령직을 승계했습니다. 맨해튼 프로젝트는 극비 사항이었기 때문에 부통령이었던 트루먼은 그 존재를 모르고 있다가 대통령이 되어서야 비로소 알게 되었습니다. 트루먼은 원자폭탄이야말로 일본과의 전쟁을 끝낼 수 있는 유일한 방법이라고 생각했습니다. 더불어 미국에 점차 위협이 되고 있는 소

원자탄 사용을 허락한 해리 트루먼 대통령

련을 견제할 수 있는 최고의 무기로 여겼습니다.

당시 천황을 신처럼 받들던 일본군은 나치 독일보다 더 버거운 상대였습니다. 일본군들은 천황을 위해서라면 자신의 목숨을 헌신짝 버리듯 하며 자살폭탄 공격을 서슴지 않아, 미군에게 엄청난 인명피해를 주고 있었습니다. 태평양 전쟁을 끝내기 위해 일본 본토를 점령하려면 최소 수십만 명에서 많게는 백만 명에 이르는 미군이 사망할 것이라는 군사 전문가들의 보고서가 트루먼을 더욱 강경하게 만들었습니다.

트루먼은 미군의 인명피해를 최소화하고 신속히 전쟁을 끝내기 위해서는 원자폭탄 투하가 반드시 필요하다고 생각했습니다. 하지만 원자폭탄을 개발한 과학자들은 트루먼의 계획에 극구 반대했습니다. 인구가 밀집한 일본의 대도시 한가운데에 원자폭탄을 떨어뜨릴 경우 민간인들이 입을 피해는 가늠조차 할 수 없었기 때문입니다. 트루먼은 과학자들의 반대에도 아랑곳하지 않고 일본에 원자폭탄을 투하하려는 당초 계획을 그대로 밀어붙였습니다.

일본을 공격하기 위해 두 종류의 폭탄이 완성되었습니다. 하나는 홀쭉한 모양의 작은 폭탄이라서 '꼬마Little boy'라고 불렸고, 다른 하나는 둥근 모양의 육중한 폭탄이라 '뚱뚱이Fat man'라 불렸습니다.

역사상 최초로 원자폭탄을 투하할 지점은 히로시마로 결정되었고, 이를 실행에 옮길 최고의 군인들이 차출되었습니다. 모든 작전을 책

히로시마에 떨어진 첫 번째 원자폭탄 '꼬마'

나가사키에 떨어진 두 번째 원자폭탄 '뚱뚱이'

히로시마 폭격에 나선 폴 티베츠 대령

임질 기장은 육군 항공대 소속 폴 티베츠Paul Tibbets 대령이었습니다. 그와 함께 11명의 군인이 각자의 임무 수행을 위해 함께 B-29 폭격기에 올라탔습니다. 원자폭탄의 엄청난 무게 때문에 폭탄을 실은 비행기가 이륙하지 못할 것을 우려해 작전에 꼭 필요한 장비 외에는 비행기에서 모두 떼어냈습니다.

1945년 8월 6일 미군 비행장이 있던 태평양 티니안Tinian 섬에서 원자폭탄 '꼬마'를 실은 B-29 폭격기가 힘차게 이륙했습니다. B-29 폭격기는 2,500킬로미터를 날아가 히로시마 상공에 도달했고, 오전 9시 15분 9,470미터 고도에서 원자폭탄을 투하했습니다. '꼬마'는 43초 동안 낙하한 끝에 580미터 상공에서 폭발했습니다. 원자폭탄의 엄청난 위력에 히로시마 인구 33만 명 중 7만 8,000명이 즉사하고 10만 명이 다쳤습니다. 같은 해 12월까지 사망자는 총 16만 명으로 늘어났습니다. 또한 히로시마에 있던 건물 7만 6,000개 중, 7만 개도 완전히 파괴되었습니다.

일본 천황은 히로시마에 원자폭탄이 떨어져 도시를 날려 버렸는데도 사태 파악을 제대로 하지 못했습니다. 천황과 일본군 지휘관들은 그저 미국이 개발한 강력한 폭탄으로만 생각해 계속 항전의지를 불태웠습니다. 이에 트루먼은 원자폭탄을 한 번 더 투하하기로 결정했습니다.

1945년 8월 9일 찰스 스위니Charles Sweeney 소령이 지휘하는 B-29 폭격기가 '뚱뚱이'를 싣고 일본으로 향했습니다. 오전 11시 1분 두 번째 원자폭탄이 일본의 나가사키 지상 439미터 지점에서 폭발해 순식간에 4만 명 이상의 일본 국민이 즉사했습니다. 트루먼은 일본이 항복할 때까지 한 달에 3기의 원자폭탄을 계속 투하하도록 명령했습니다.

나가사키에 또다시 대규모 희생자가 발생하고, 앞으로도 주기적으로 원자폭탄을 투하할 것이라는 트루먼의 선언에 일본 천황은 겁에 질렸습니다. 만약 미군 폭격기가 도쿄에 있는 황궁 위에 원자폭탄을 투하한다면 엄청난 열로 인해 천황은 시신조차 찾을 수 없는 비참한 최후를 맞을 운명이었습니다. 일본 천황은 두 번째 원자폭탄이 나가사키를 강타하고 난 엿새 뒤인 8월 15일 무조건 항복을 선언했습니다. 그동안 수많은 일본 청년이 전쟁터에서 죽어 나가도 눈 하나 깜짝 않던 천황이 자신의 생명이 위태로워지자 무조건 항복을 선언한 것입니다. 6년간 지속된 제2차 세계대전은 '뚱뚱이와 꼬마'라는 원자폭탄 덕분에 마침표를 찍었습니다.

원자폭탄 개발 이후

트루먼은 단 두 발의 원자폭탄으로 제2차 세계대전을 종식시킨 영웅이 되어 재선에 성공했습니다. 맨해튼 프로젝트에 참여했던 리처드 파인만Richard Feynman, 이시도어 라비Isidor Rabi, 노먼 램지Norman Ramsey 등 여러 명의 과학자가 원자폭탄 연구 도중 알게 된 지식으로 과학자로서 받을 수 있는 최고의 영예인 노벨상을 수상했습니다. 정작 원자폭탄 개발에 가장 중요한 역할을 담당했던 오펜하이머는 노벨상을 받지 못했습니다. 항상 그를 따라다닌 '대량학살의 주인공'이라는 불명예 때문이었습니다.

1949년 8월 소련이 원자폭탄 개발에 성공하자 미국은 그보다 더 강력한 무기인 수소폭탄 개발에 나섰습니다. 1950년 트루먼이 오펜

1949년 8월 미국에 이어 원자폭탄 실험에 성공한 소련

하이머에게 수소폭탄 개발을 지시했으나 그는 거절했습니다. 오펜하이머는 핵과 관련된 지식은 인류 복지를 위해 공유되어야 하며, 국제기구에 의해 공동관리가 이루어져야 한다고 주장했습니다. 하지만 미국 정부는 그의 목소리에 귀를 기울이지 않았습니다.

종전 후 오펜하이머는 자국민들에게 '원자폭탄의 아버지'라 불리며 존경받았지만, 히로시마와 나가사키에 원자폭탄이 떨어져 무수히 많은 사람이 죽은 이후 극심한 죄책감에 시달렸습니다. 밤마다 원자폭탄 희생자들이 꿈에 나타나는 악몽에 시달렸고, 손에 피가 묻어 있는 것처럼 보여 수시로 손을 씻었습니다. 죄책감에서 벗어날 수 없었던 오펜하이머는 정부의 수소폭탄 개발 명령을 거스르면서 몰락의 길로 접어들었습니다.

공산주의자로 몰려 청문회에 불려 나간 오펜하이머

인류에게 공포의 균형을 가져온 핵폭탄

1950년부터 시작된 매카시즘* 열풍 속에서 오펜하이머는 한순간에 소련 스파이로 몰렸습니다. 오펜하이머가 모함을 받은 데는 과거의 약혼녀가 열렬한 공산당원이었던 것이 문제가 되었습니다. 게다가 오펜하이머의 부인이 공산당원과 결혼한 적이 있다는 점도 크게 부각되었습니다. 그와 관계된 여성이 하나같이 공산당과 연관이 있다는 것은 '오펜하이머가 공산주의자이기 때문'이라는 주장으로 이어졌습니다.

---

* 제2차 세계대전 후 공산주의가 확산됨에 따라 이에 위협을 느낀 미국에서 일어난 극단적인 반공주의 열풍. 수많은 무고한 미국인이 공산주의자로 몰려 큰 피해를 보았다.

1954년 오펜하이머는 의회 청문회까지 불려 나가 수모를 당하고, 모든 공직에서 쫓겨나 조용히 말년을 보내다가 1967년 63세의 나이에 후두암으로 세상을 떴습니다. 그는 죽는 날까지 원자폭탄 개발을 주도한 것에 대해 후회했습니다. 그가 죽을 무렵 전 세계에는 1만 개가 넘는 핵폭탄이 만들어져 인류를 위협하고 있었기 때문입니다.

세계를 통찰하는 지식과 교양 〈세계통찰〉 시리즈

미국

세계통찰 미국 ⑭

전쟁으로 일어선 미국 2
강대국 중의 강대국이 되다
제2차 세계대전

2021년 6월 1일 1판 1쇄 발행

지은이	한솔교육연구모임
펴낸이	권미화
편집	김시경
디자인	김규림
마케팅	조민호
펴낸곳	솔과나무
출판등록	제2018-000340호
주소	서울시 마포구 독막로 266, 111-901
팩스	02-6442-8473
블로그	http://blog.naver.com/solandnamu
트위터	@solandnamu
메일	hsol0109@gmail.com

ISBN	979-11-90953-14-6 44300
	979-11-967534-0-5 (세트)